I0765164

LA IZQUIERDA QUE ASALTÓ EL ALGORITMO

Juan Carlos Monedero

La izquierda que asaltó el algoritmo

Fraternidad y digna rabia en tiempos
del *big data*

prometeo
libros

Monedero, Juan Carlos

La izquierda que asaltó el algoritmo : fraternidad y digna rabia en tiempos del big data / Juan Carlos Monedero. - 1a ed. - Ciudad Autónoma de Buenos Aires : Prometeo Libros, 2019.

200 p. ; 23 x 16 cm.

1. Teoría Política. 2. Acción Política. 3. Antropología Política. I. Título.

CDD 306.345

Armado: María Victoria Ramírez

Corrección de galeras: Marina Rapetti

© De esta edición, Prometeo Libros, 2019

Pringles 521 (C1183AEI), Buenos Aires, Argentina

Tel.: (54-11) 4862-6794 / Fax: (54-11) 4864-3297

editorial@treintadiez.com

www.prometeoeditorial.com

Índice

Telegrama urgente

Basta de mentiras. STOP. Ni Donald Trump hace bueno al anterior sistema norteamericano. STOP. Ni el auge de la extrema derecha en Europa hace bueno al fraude democrático del bipartidismo. STOP. Uno y otro son consecuencia del vaciamiento democrático de los sistemas políticos occidentales. STOP. Del triunfo del neoliberalismo, del poder del capital financiero. STOP. Y de la falta de coraje político de nuestras democracias. STOP. Robaron billones con la crisis de 2007 y ningún responsable entró en la cárcel. STOP. La izquierda ha sido derrotada. STOP. Después de cada hundimiento de la izquierda viene alguna forma de fascismo. STOP. Por eso la derecha campa por sus respetos. STOP. Regresa al racismo, pide mano dura salvo para los banqueros y justifica las desigualdades. STOP. O ese espacio antaño llamado izquierda se reinventa, lo llamemos como lo llamemos, o la democracia se va al basurero de la historia. STOP. La democracia está en manos de cobardes. STOP. Hay que recordar que la revolución es un momento en el que las contradicciones se solventan a favor de las mayorías. STOP. Se buscan urgentemente revolucionarios y revolucionarias que peleen el poder para las mayorías. STOP. Cuestionen el estado de partidos. STOP. Entiendan el peligro del capitalismo financiero. STOP. Se blinden contra la extrema derecha. STOP. Y hagan corresponsable de la democracia a la ciudadanía. STOP. Vamos tarde. STOP.

Capítulo 1

Humphrey Bogart en Pekín, Tony Blair en Bagdad y Felipe González en un yate: la izquierda como caricatura de la izquierda

Nosotros y los nuestros, todos hermanos nacidos de una sola madre, no creemos que seamos esclavos ni amos unos de otros, sino que la igualdad de nacimiento según naturaleza nos fuerza a buscar una igualdad política según ley, y a no ceder entre nosotros ante ninguna cosa sino ante la opinión de la virtud y la sensatez.

Aspasia (siglo V a. C.)

Porque no tienen sino un Padre, que es Dios, ustedes son todos hermanos.
Evangelio según San Mateo 23, 8-9

Alle Menschen werden Brüder!
(¡*Todos los seres humanos serán hermanos!*).
Friedrich Schiller, *Oda a la alegría*

[...] esa generosa embriaguez de fraternidad.
Karl Marx (*fraternamente*)

Todos los seres humanos nacen libres e iguales en dignidad y derechos y, dotados como están de razón y conciencia, deben comportarse fraternalmente los unos con los otros.
Artículo 1 de la Declaración Universal de los Derechos Humanos
(1948)

La izquierda ha muerto, ¡viva la izquierda!

Si fuera cierto que "la izquierda" ha muerto, ¿cuál es el sujeto que ha muerto con ella? ¿Se han muerto acaso los trabajadores? ¿Se han muerto quizá los desiguales? ¿Se han muerto las mujeres, los colonizados, los *condenados de la tierra*? ¿Se han muerto antes de tiempo los ancianos? ¿Se han muerto fulminados por un rayo los que recrean sexualidades desatentas con la reproducción? ¿Se han muerto todos los patitos feos del mundo? ¿Se han muerto los que quieren darle sentido a este breve tiempo en el que vamos a estar aquí? ¿Significa la muerte de la izquierda que también han desaparecido los que dinamitan la convivencia, los explotadores, los invasores, los maltratadores, los abusadores, los tramposos, los sin escrúpulos, los egoístas, los autoritarios, los sectarios, los cobardes, los integristas, los que mercantilizan la vida, los que solo tienen manos y ojos para ver y tocar negocios y mercancías? No le faltaba razón a Francis Fukuyama cuando escribió *El fin de la historia* al filo de la caída de la URSS. Fue un ensayo muy insultado, pero acertó en definir el momento. La gente descontenta con su suerte se quedó sin palabras para explicarse a sí misma lo que le pasaba. Si el pasado era oscuro y el futuro ya estaba aquí, solo quedaba vivir en el presente. Quizá el libro más poderoso que robaron los vencedores fue el diccionario. Ahora que los diccionarios están en Internet, la izquierda tiene que pasar pantalla.

Una parte de la gente que ha votado a Trump en Estados Unidos, de esa gente que vota a la extrema derecha en Europa y no pocos de los que votaron a favor del *brexit* en Gran Bretaña, no deja de ser gente que está confiando, de manera desesperada, en la política. Su rabia no es indiferente. Es gente que, con bastante probabilidad, habrá perdido bienestar y que, sobre todo, tiene miedo. Quizá ese miedo es irracional, creado por noticias falsas, injustificado. Seguro que las redes sociales, en manos de pirómanos con ramificaciones bancarias, son en buena medida responsables de esa angustia. Pero no deja de ser cierto que tienen miedo. Las democracias liberales los han engañado. Y hay un riesgo de que renuncien a la democracia.

Decía Walter Benjamin en los años treinta que detrás de todo auge del fascismo había una revolución de izquierda fracasada. Hoy se puede ser más pesimista y decir que detrás del auge de la extrema derecha siempre está el fracaso de una izquierda democrática. Cuando liberales, socialdemócratas y conservadores, banqueros y medios acorralaron contra las cuerdas en 2015 a la Grecia de Syriza, estaban convocando el fascismo. Lo sabían porque se les dijo hasta la saciedad. El fascismo ya está en las calles de Grecia. Esos hipócritas son los que ahora se quejan con llantos más amargos.

Me contaba un amigo carpintero que, haciendo una obra en una casa de Donostia, la dueña, una mujer rica, pretenciosa, caprichosa y con ínfulas de artista, se pasaba el día mandándole rehacer y deshacer lo recién terminado. No porque la tarea estuviera mal, sino porque no acababa de saber lo que quería. O porque lo que quería era simplemente un disparate. "Esa tarima hay que hacerla más alta; quizá un poco más baja; probemos ahora con otra madera. A esa ventana le convendría más este molde. Esa puerta vamos a cambiarla porque no hace juego con el molde de la nueva ventana". Después de terminar una escalera de madera, le pidió que la golpeara con el filo de un hacha "para hacerla vieja". "Se va a romper toda", le dijo el carpintero. "Tú hazlo". Mi amigo se negó y la propietaria le espetó arrogante: "¡Pero a ti que más te da, si te voy a pagar!". Algo no fluía. O mi amigo hablaba mejor con los troncos que con los propietarios o la señora tenía algún filtro que le impedía entenderlo. Porque para él era obvio que esa discusión no iba solamente de cobrar, sino de cosas igualmente importantes, aunque no fueran cuantificables. Ahí entraban también la dignidad y el respeto por la profesión, la satisfacción por el trabajo bien hecho, el entender que el tiempo aprendiendo los arcanos del oficio lo diferenciaba de quienes no conocían los trucos de la madera. Su diálogo con los demás, al igual que una parte importante de su lugar en el mundo, tenía que ver con los nudos escondidos en los listones y la pericia con la sierra. Romper era muy fácil. Lo podía hacer cualquiera. Pero construir no era tan sencillo. Haciendo bien su trabajo, ejerciendo bien su tarea, tenía una posición que demandaba respeto y le hacía respetarse a sí mismo. No destruir el trabajo recién hecho tenía que ver con la dignidad. Esa condición que tienen los que no se dejan humillar ni humillan a los demás. Hubo un tiempo en el que los trabajadores portaban una promesa de cambio universal. Hubo un Estado, la Unión Soviética, que se reclamó la patria de los trabajadores. Pero mancilló esa promesa.

Siempre te construyen tus enemigos. La izquierda ha perdido de vista a los suyos. Digo "la izquierda", pero en realidad estoy queriendo decir ese lugar antaño llamado izquierda. El mundo ha cogido una velocidad de vértigo y la izquierda arrastra aún, en el siglo XXI, la cojera de la Unión Soviética. Cada año que pasa, la izquierda –ese espacio antaño llamado izquierda– parece quedarse más y más atrás en la carrera de las soluciones y las propuestas. Apenas estaba empezando a entender Facebook y Twitter y aparecen las *block-chains* (las cadenas de bloques que permiten las criptomonedas) o el *big data* (la obtención y gestión de grandes cantidades de datos), que vuelven a dar herramientas a los poderosos, sean mafiosos de traje o tatuaje, financieros que acarician gatos y estrellas Michelin o mercenarios tradicionales con fusil, dron o algoritmo. Conforme las pantallas de las televisiones son más grandes, con más brillo, colores y nitidez, la esperanza del mundo se vuelve más estrecha, apagada, monocroma y difusa. La biotecnología y las tecnologías de las comunicaciones son enormemente disruptivas. Es decir, la capacidad de interrumpir súbitamente el orden social está dada y hemos perdido el control político y moral en nuestras sociedades para que no descarrilen principios básicos como la igualdad y la democracia. Hemos vivido en un paréntesis de prosperidad, pero los poderosos del mundo están empeñados en que no se repita. Ese lugar antaño llamado izquierda no puede ir en la bodega del barco: tiene que subir al puente de mando, hablar con los marineros y coger el timón. O puede seguir llorando por las esquinas en una estrategia defensiva que solo sirve para que la goleen.

La URSS fue el primer Estado de trabajadores del mundo. Pero los trabajadores allí opinaban poco. De hecho, los trabajadores no sostuvieron su Estado cuando empezó a desmoronarse.

Algo se habría hecho mal cuando las mafias ocuparon en casi todo el mundo postsoviético el lugar del Estado. Era extraño ver a los trabajadores de Alemania Oriental marcharse de su país. Es verdad que en buena parte del mundo capitalista los trabajadores sin suerte no tenían a dónde ir y se iban a la resignación, al limbo o a la mierda. ¿Tenía sentido marcharse de un país donde tenían casa, comida, educación, igualdad y ocio? La Unión Soviética, con su Revolución de Octubre, su coro del Ejército Rojo, las escaleras de Odesa, la resistencia de Stalingrado, la bandera roja en el tejado del Reichstag o el primer viaje al espacio, contó a los proletarios del mundo que era posible lo imposible. La Revolución de Octubre puso en la agenda política otra vez problemas tales como la miseria, el hambre, la ignorancia, la enfermedad. Problemas que el liberalismo, después de cortarle la cabeza a Robespierre, pretendía solventar en el ámbito privado o en un mercado sin clemencia. La izquierda fue capaz de sumar el número de los más y de armar el relato. Cogió la maldición bíblica del "ganarás el pan con el sudor de tu frente" y la convirtió en una herramienta revolucionaria. Allí donde la burguesía había enarbolado la idea de progreso como bandera de la humanidad, puso a los trabajadores como base de la fraternidad universal. ¿No es acaso esa petición tan propia de la izquierda de "unidad, unidad, unidad" la expresión de la nostalgia de esa comunión que brindaba un sentido a la vida? Los seres humanos somos gregarios y nos necesitamos para explicarnos la brevedad de la vida.

La fraternidad no es, sin más, un sentimiento. Es la lucha política contra cualquier subordinación. La fraternidad es una comunidad política que construye una esfera pública virtuosa, donde todas y todos nos miramos y que entre todas y todos cuidamos. En tiempos de Internet, hay quien quiere construir las comunidades en las redes. Dejarle la fraternidad a la Iglesia es como dejarle el socialismo al estalinismo. Dejársela a Facebook, que en nombre de la construcción de comunidades ha estado vendiendo nuestros datos al mejor postor, es dejar a Nerón el servicio de bomberos, al obispo de Pensilvania una escuela infantil o a Jack el Destripador la vigilancia nocturna de Londres. Es hora de tomar la fraternidad en serio, de hacerla republicana, de regresarla a la Declaración Universal de los Derechos Humanos. La fraternidad se asienta en valores, se convierte en leyes, políticas públicas, constituciones. Y la fuerza de la fraternidad se multiplica con la consideración de los intereses de los otros que recogen las instituciones democráticas.

La lucha de clases sin fraternidad hace que la izquierda se parezca demasiado a los que quiere combatir, igual que la fraternidad sin enemigos es una nota sin instrumento (fraternidad no es confraternización, dar por inexistentes los conflictos, sino todo lo contrario). Sin saber quién nos daña, no encontramos solución. Los drones se esconden detrás de una nube y las víctimas se separan como si eso sirviera para algo. Fragmentados, no vamos a ninguna parte. La derecha tiene el miedo. La izquierda, la esperanza. Sin la fraternidad, la izquierda no podrá recomponer los fragmentos. La democracia aprendió a hacer del trabajo el lugar por excelencia de la ciudadanía y aprendió a luchar contra la explotación.

Hoy, las nuevas tecnologías tienen la capacidad de procesar *peta-bytes* de información y convencernos de sus bondades. El *big data* es Dios porque lo ve todo, lo puede todo, está en todas partes y decide tu vida. El *big data* es el opio del pueblo. Nos reduce a suministradores de datos y nos desprecia como productores y consumidores. La clase media se desliza hacia abajo en la escalera social y los sectores populares sienten que la tecnología abre una brecha disruptiva, insalvable, que solo puede suturarse con decisiones públicas que va a tocar pelear con fuerza. Nadie sabe a ciencia cierta qué es la izquierda, pero si no recuperamos ese espacio de análisis y la lucha que ayer llamábamos así, no vamos a ser antepasados de nadie. O las mayorías vuelven a ser necesarias, de una forma u otra, o la revolución conservadora vendrá para quedarse mucho tiempo. Los que recaban y procesan datos venden incluso nuestra indignación y la convierten en un algoritmo que se convierte en un GPS ideológico. Los que compran los datos juegan con las emociones.

Cuenta el filósofo esloveno Slavoj Žižek que el final de *Casablanca*, la película de Curtiz protagonizada por Humphrey Bogart e Ingrid Bergman, tuvo una traducción peculiar en su versión china. Todos recordamos a Rick alejándose en la bruma del aeropuerto junto al capitán Renault mientras este le dice: "Louie, creo que este es el comienzo de una hermosa amistad". ¿Guiño homosexual? ¿Invitación a perdonar a un canalla colaboracionista con los nazis? ¿Relativismo de valores, cinismo, aceptación de que los intereses están por encima de las ideologías? El caso es que a las autoridades chinas no les pareció aleccionador ese final y lo cambiaron por otro que no molestaría ni a Marx ni a Confucio. Después de acabar con el odioso nazi y arrojar la botella de Vichy a la papelera, Renault afirmaba mientras caminaba lentamente al lado de Bogart bajo la niebla: "Louie, creo que este es el comienzo de una nueva célula antifascista".

La desaparición de la izquierda en muchos lugares del mundo es una catástrofe. Porque es verdad que el renacimiento del fascismo es la expresión del fracaso de la izquierda. Si hay integristas islámicos en muchos lugares de Oriente es porque Estados Unidos hizo fracasar a la izquierda secular y nacionalista que creía en la unión de los pueblos árabes. Y lo mismo con el panafricanismo, la patria grande latinoamericana o el paneuropeísmo. A Estados Unidos nunca le ha gustado que se junten los pueblos europeos, los africanos, los árabes o los latinoamericanos. En esa estela, Estados Unidos financió a los evangelistas en América Latina para frenar la influencia de la teología de la liberación, que había apostado por la Iglesia de los pobres. La Organización de Estados Americanos siempre fue el Ministerio de Colonias norteamericano. Steve Bannon, el que fuera estratega de Donald Trump, se convirtió en 2018 en asesor de la extrema derecha europea y latinoamericana, a la búsqueda de democracias liberales que no tuvieran prejuicios democráticos. Al capitalismo le vienen mejor locos integristas que izquierdistas que quieran poner en cuestión el modelo económico. A los primeros, seguro, les va incluso a vender las armas. ¿No hemos visto que a la Alemania de Angela Merkel, sostenida por el SPD, le molestaba más el izquierdismo de Alexis Tsipras que el fascismo del italiano Mateo Salvini o el ultraconservadurismo del húngaro Orbán? ¿No se ha convertido la Unión Europea en un lugar donde se castiga a quien pone en cuestión el modelo económico neoliberal, pero se convive con los que están resucitando el fascismo? ¿No regresan invariablemente los gestos de apoyo al franquismo de la derecha española o loas a Mussolini en Italia? En 1933, antes de que el presidente Hindenburg nombrara a Adolf Hitler canciller, los grandes banqueros y empresarios alemanes habían apostado por un "fascismo contenido". Solo cuando esa estrategia no funcionó y se sucedían los nombres en la cancillería generando incertidumbre para los negocios decidieron darle todo el poder al *cabo austriaco*. Los nazis ya campaban por las calles desplegando su violencia. El conspirador y expresidente Von Schleicher convenció al viejo *Reichspräsident* de que nombrara a Hitler. Hindenburg accedió haciendo una lectura inconstitucional del artículo 48 de la Constitución de Weimar que prescindía del Parlamento para elegir al primer ministro. La izquierda sumaba catorce millones de votos. La derecha, once y medio. Pero los apoyaron los poderosos que entendieron que ya había llegado el momento de Hitler. Históricamente, el fascismo ha sido el plan B del capitalismo en crisis.

¿Qué significa ser de izquierdas cuando de izquierdas son el filósofo de la deliberación Jürgen Habermas y el genocida de los jemeres rojos Pol Pot, el asesino del Gulag Iosef Stalin y el asesinado en democracia Olof Palme, lo son la generosa Dolores Ibarruri y el interesado Felipe González, el Mao de la Revolución Cultural y el Orwell defensor de la decencia, gente unida en su credo transformador pero tan diferentes como la desafiante Frida Kahlo y el guerrillero Che Guevara, la bolchevique Alexandra Kollontai y la desobediente Clara Campoamor, la honrada Dilma Rousseff y la burócrata Susana Díaz, el sobrio y honesto Andrés Manuel López Obrador y el poeta de los 500 años Subcomandante Marcos-Galeano, la pasional Rosa Luxemburg y el oportunista Willy Brandt, el fundador de Podemos Pablo Iglesias y el genocida de la guerra de Irak Toni Blair, el mudable Pedro Sánchez y el referente de la dignidad Pepe Mujica? ¿Qué significa ser de izquierdas cuando los partidos socialdemócratas, que han representado a la izquierda por excelencia en el mundo occidental, aplican el neoliberalismo, son monárquicos, protagonizan la corrupción, hacen guerras e invaden países, rescatan bancos, miman a las multinacionales, castigan la agricultura sostenible o niegan los derechos humanos? ¿Qué significa ser de izquierdas cuando Rusia ha renunciado a su pasado comunista, cuando China es ese país donde "si practicas eficazmente el capitalismo te enriqueces, pero si hablas bien del comunismo te fusilan", cuando Cuba está borrando la palabra *comunismo* de su Constitución? ¿Qué significa cuando vivimos en el momento de mayores desigualdades de la historia de la humanidad, cuando la izquierda, en la segunda década del siglo XXI, aún sigue pidiendo disculpas por el estalinismo, pero la derecha no solamente no pide disculpas por el fascismo o por el colonialismo y la guerra, sino que los ha devuelto sin complejos al escenario político?

Lo que más me sorprendió cuando llegué a Alemania en el verano de 1989 fue la gente joven en los andenes de las estaciones gritando "*Wir wollen raus!*". Querían "salir fuera", que los dejaran viajar a otros países. Le recordaban al Gobierno socialista: "*Wir sind das Volk!*", esto es, "Nosotros somos el pueblo". Era patético escuchar al presidente Erik Honecker diciendo: "¿Por qué se van? Si aquí tienen de todo". Todo dependía de con quién te comparabas. Y ellos lo hacían con los alemanes occidentales. Honecker, que había estado en las cárceles de la Gestapo, tenía como referencia un mundo muy diferente al de esos jóvenes. Ese mundo que hizo a Bertold Brecht pedir disculpas por el estalinismo explicando que les había tocado vivir en tiempos de oscuridad. ¿Hizo lo correcto el Gobierno soviético no confiando en su pueblo? ¿Dónde estaban los intelectuales?

El repaso a las reflexiones teóricas sobre la izquierda genera la misma sensación que ver películas que han envejecido mal (y no es el objeto de este libro). Son muchas las bibliotecas donde desde antes de ayer tirita helado el corazón de la teoría marxista en muchos tomos. No porque no sea fructífero leer los textos del siglo XIX y del XX, sino porque es descabellado quedarse en los debates del siglo XIX y del XX. Las discusiones metamarxistas no resisten un capítulo de *Los Simpson* ni una escena de *La vida de Brian*.

Sin embargo, las reflexiones que parten de alguna lectura de Marx suelen ser comprometidas en la mirada de los oprimidos y brillantes en los análisis teóricos, aunque, y es otra constante, son a menudo muy pobres en las propuestas concretas. La izquierda se ha mirado durante demasiado tiempo un ombligo marxista heredado. Marx vale cuando cada generación hace su lectura. Su mirada sobre el capitalismo es obligatoria y obligatorios sus desvelamientos de la explotación, de la alienación y del metabolismo del modo de producción capitalista. Las conclusiones que saque cada generación tienen que necesariamente ser diferentes. Cuando los obreros dejaron de sentirse explotados, pese a ser obreros y pese a haber leído y escuchado sobre conciencia obrera, ese discurso perdió buena parte de su fuelle. Marx sigue siendo una guía obligatoria, pero siempre cuando se destierre la voluntad de catequesis. Marx es como la poesía del cartero de Neruda: pertenece a quien lo necesite, no a los purpurados sacerdotes de ningún templo intelectual. Los grandes esfuerzos del posmarxismo han dado un rodeo. Su luz la han brindado en la mirada histórica, en la geografía política, en la propuesta de la renta básica, en la mirada decolonial, en la lectura del Estado y en una parte de la reflexión feminista. Casi siempre desde intenciones heterodoxas. Cuando no es así, tenemos montañas que paren ratones desconcertados.

Uno de los más lúcidos pensadores de la Escuela de Frankfurt, Theodor Adorno, en conversación con Max Horkheimer, resumía esa impotencia en una conversación en 1956:

> Siempre me encuentro con la pregunta de qué haría si fuese director de radio o ministro de Educación. Y siempre tengo que reconocer que ello me produce una gran perplejidad. La sensación de que sabemos muchísimo, pero que por razones categoriales no nos está dado traducir nuestro saber a una verdadera praxis, tiene que estar presente en nuestras consideraciones.

A una parte importante de la izquierda le ha faltado fregar escaleras. O algo que les bajara un cable a tierra. El mejor marxismo fue el que entendió que la política nace de las luchas reales y esas luchas no son grises como no lo es el árbol dorado de la vida. No es extraño, como decía, que uno de los lugares donde mejor ha fructificado la mirada marxista haya sido el feminismo, con mujeres como Silvia Federici o Nancy Fraser sintiendo en sus carnes las brujas quemadas y las madres esforzadas, o en teóricos del colonialismo como Frantz Fanon o Angela Davis, con sus espaldas marcadas por los látigos de negreros, hacendados, mercenarios y, hoy, de matemáticos del algoritmo.

La risa es revolucionaria y la guillotina un ícono adolescente

*Para que un pensamiento cambie el mundo primero tiene que cambiarle la
vida a quien lo concibe. Tiene que convertirse en un ejemplo.*

Albert Camus

En un viaje a Venezuela, en la época en que gobernaba el presidente
Chávez, conté en la televisión una historia que había escuchado en Berlín.
Un tipo que se quería afiliar al Partido Comunista era entrevistado por
el comisario de la zona. "Camarada, si tuvieras dos Rolls-Royce, ¿qué
harías?". "Pues uno para mí y otro para el partido". "¿Y si tuvieras dos
fincas?". "Una para mí y otra para el partido". "¿Y si tuvieras dos aviones?".
"Lo mismo: uno para mí y otro para el partido". Para terminar, el burócrata
le preguntó: "¿Y si tuvieras dos gallinas?". En esto el paisano se quedó
pensativo, lo que hizo saltar al comisario: "¡No dudas con dos coches caros
ni con dos fincas ni con dos aviones y dudas con dos malditas gallinas!".
A lo que el aspirante a comunista contestó rascándose la cabeza: "Mire,
camarada, es que las gallinas sí las tengo".

Aquello me costó al día siguiente un fuerte regaño en los medios por
parte de un portavoz del Partido Comunista Venezolano. Animado por
la reprimenda, aproveché una conferencia sobre el futuro del socialismo
para contar otra historia. En mitad de la Segunda Guerra Mundial, dos
soldados, uno soviético y otro polaco, peleaban codo con codo contra
los nazis. En un momento cayó una bomba muy cerca. Cuando se disipó
el polvo, los dos combatientes vieron que había aparecido allí un tesoro.
Empezaron a juntar las riquezas y, cuando estaban reunidas, el soviético
le dijo al polaco: "Ahora vamos a repartirlo como buenos camaradas", a lo
que el polaco contestó: "¿Y no podríamos repartirlo a partes iguales?". Yo
quería dejar claro que la URSS también tuvo comportamientos imperiales
y que a quien sobre todo benefició fue a los europeos occidentales, ya que
el miedo a Moscú hizo que la burguesía europea consintiera con que los
estados sociales fueran una realidad. Aquel chiste tampoco hizo mucha
gracia al partido.

Siempre he desconfiado de la gente que no tiene sentido del humor
y aún más de las organizaciones que no tienen sentido del humor. Una
dirigencia que tiene miedo a las faltas de respeto tiene todas las papeletas
para convertirse en una dirigencia represora. El humor le quita la
solemnidad a los idiotas, y las organizaciones de izquierda, que a menudo

se han sentido responsables de la emancipación de la humanidad, suelen caer en las potenciales idioteces de su secta. Una lectura simple de Marx hizo creer a la izquierda que estaban en la posesión de la verdad –si la marcha de la historia la decidían los golpeados, estar con los golpeados era estar con la marcha de la historia y frente a los que la frenaban–. Desde ahí, el salto era sencillo: si la realidad no se parecía a la teoría, pues peor para la realidad. Lo resumía uno de los más importantes filósofos españoles, Andrés Rábago, el Roto, en una viñeta. Un tipo con bata de profesor y gafas de sabio enloquecido acaba de rellenar una pizarra de fórmulas matemáticas. Al tiempo que el último símbolo sale de la tiza, el investigador afirma: "Y con esto queda matemáticamente demostrado que es imposible que ocurra lo que está ocurriendo".

Una fracción de la guerrilla salvadoreña del Ejército Revolucionario del Pueblo, liderada por el comandante Joaquín Villalobos, fusiló al poeta y revolucionario Roque Dalton, tras acusarlo con pruebas falsas de insubordinación y de pertenecer a la CIA. Mataron a uno de los seres más luminosos de Centroamérica, que fue capaz de aunar compromiso, coraje, sensibilidad, humor y alegría. Joaquín Villalobos, su ejecutor, terminó de asesor de Ronald Reagan en la Contra, la fuerza paramilitar que luchó contra el Frente Sandinista en Nicaragua y fue culpable de la muerte de decenas de miles de personas. También se hizo amigo de Felipe González, el referente del Partido Socialista en España (lobista de Carlos Slim, el hombre más rico de América Latina). Fue más rápido con el gatillo que con la criba de sus amistades.

Hay que desconfiar de todo aquel al que le molesta la risa. Tenía mucha razón Umberto Eco escogiendo como antagonista en *El nombre de la rosa* a Jorge de Burgos, un ser podrido de resentimiento cuya principal misión, aunque lo convirtiera en un asesino, era impedir que viera la luz la segunda parte de la *Poética* de Aristóteles, un supuesto libro sobre la comedia y la risa. El que ríe no teme a ningún dios, empresa, clan ni partido, no teme a la muerte ni al castigo y convierte a los paraísos en guiñapos para inteligencias desnudas y desvalidas. El hombre, decía Aristóteles, es el único animal que ríe. Bergson añadió: y que hace reír. En un libro sobre el lugar antaño llamado izquierda tenemos que agregar: y llorar. El ser humano es el único animal que intencionalmente hace llorar. El libro negro del comunismo empieza en el siglo XX. El libro negro del capitalismo empieza con la conquista de América y el tráfico de esclavos desde el siglo XVI. Algunos idiotas creen que el balance se mide haciendo cuentas de víctimas.

Un error de la discusión política y de las ciencias sociales es no entender que cualquier propuesta de comportamiento individual o colectivo presupone alguna idea acerca de la bondad o la maldad de los seres humanos. Decía Perón con sorna que el ser humano es bueno, pero que si lo vigilas es mejor. No se trata de que vivamos bajo la mirada de guardianes armados. ¿Qué hace una persona tirando papeles al suelo en su país y dejándolo de hacer cuando visita Oslo, París o Berlín? Dicho de otra manera, el ser humano, cuando se siente parte de una comunidad, se comporta de acuerdo con los criterios de esa comunidad.

No puede haber izquierda desde la desconfianza en el ser humano. Ni siquiera en tiempos de amenaza a los proyectos de cambio. No se trata de repetir la ingenuidad de la Comuna de París –no hacer nada para evitar que los enemigos de la democracia se rearmaran–, sino de saber que con las armas melladas de la derecha, la izquierda solo cava su tumba. Lo que diferencia a una persona conservadora de otra progresista es, como decíamos, la confianza o desconfianza en las capacidades cooperativas del ser humano, empezando por el lenguaje. Se trata de saber que en la gente común hay posibilidades fuera de lo común. Saber que en cualquier ser humano, incluso en el más abyecto, reposa una fuente de humanidad. Porque es la única manera de que nos reconozcamos a nosotros mismos esa chispa de humanidad. Hay que humanizar a los canallas para humanizarnos a nosotros mismos. Si fuera un ejercicio sencillo no costaría tanto enunciarlo y más aún cumplirlo.

En las ciencias sociales casi todo lo demás se desgaja de una única idea: el ser humano como individuo social que se mueve siempre entre la tensión egoísta de la supervivencia y la reproducción, entre la tensión de la vida colectiva y sus exigencias. Si hay una supuesta izquierda que no confía en los seres humanos, no es izquierda. Es otra cosa. Porque si no confías en los demás por culpa de esa desconfianza en la humanidad, ¿por qué vas a ayudarlos? ¿Por qué vas a acompañarlos en sus tropiezos? ¿Por qué vas a recogerlos cuando caigan? ¿Por qué vas a compartir tus bienes y tu tiempo? ¿Por qué vas a respetar su trabajo? ¿Por qué vas a respetar su vida? ¿Por qué vas a respetar su cuerpo? ¿Por qué permites que te alegren o te entristezcan? Y, lo que es más determinante: al ser el amor propio la base del amor a los demás, ¿por qué te vas a respetar a ti mismo si no respetas a los demás? Que las cárceles dejaran ser lugares de castigo, degradantes e inhumanas, para convertirse en espacios de rehabilitación y reinserción tiene detrás esta idea. Frente a la idea de venganza de raíz premoderna y religiosa, la Ilustración estableció las bases de que en nombre de la humanidad no se puede condenar a nadie a una vida "sin horizonte, sin esperanza, sin futuro". La guillotina solo sirvió para que hoy nos aterre la guillotina. No debemos cometer el error de pensar el ayer con los valores de hoy –concluiríamos que Aristóteles era un demente porque estaba a favor de la esclavitud–. Y haríamos eso si celebráramos el ajusticiamiento de Luis XVI, María Antonieta, Danton o Robespierre tanto como si lo lamentáramos. Vale como ejercicio intelectual, pero poco más. Aunque respetemos a Robespierre y despreciemos a Luis XVI.

Cuando entiendes que los seres humanos son, todos y todas, sujetos de dignidad –principalmente porque todos y cada uno de nosotros somos irrepetibles–, entiendes que la risa, que desafía los marcos creados por los poderosos, es revolucionaria. Cuando te ríes con alguien bien puedes ir a asaltar con ella el Palacio de Invierno porque esa persona te va a cuidar. No se trata de un optimismo tonto, pero tampoco de un pesimismo paralizante. El pesimismo, al igual que los discursos apocalípticos que no dejan salida de ningún tipo, terminan siendo profundamente conservadores. Solo valen para el narcisismo de los que los enuncian porque los hace aparecer como profetas que tienen una verdad que los demás apenas vislumbran. Una pancarta en una manifestación en Buenos Aires resumía el cansancio ante los augures del desastre: "¡Más promesas y menos realidades!".

Gramsci, que no podía permitirse lujos porque estaba en una cárcel de Mussolini (el que ayudó a Franco a dar el golpe de Estado de 1936), decía que al pesimismo al que nos aboca la inteligencia hay que oponerle el optimismo de las ganas de vivir, de la voluntad, de sembrar las bases de la alegría, de mejorar el mundo y darle sentido a nuestro breve paso por la Tierra. Si no se apuesta por la vida digna –una vida sin miedos y que no atemoriza– no se puede formar parte del aire de familia de la izquierda. Este nace de la pregunta por la felicidad para el conjunto del género humano.

El problema no es alcanzar una gran teoría que explique todo. Es imposible alcanzar ese santo grial intelectual: a lo sumo nos aproximaremos. El reto está en convencer a un número suficiente de personas del dolor innecesario, de modo que permita poner en marcha algún cambio. Tiene razón Boaventura de Sousa Santos cuando dice que hay problemas que no se solventan en la teoría sino en la práctica. Átomos que se entienden parte de una fuerza atractora, que van a afectar a otros átomos y entonces logran cambiar las cosas. El problema es que siempre que se habla de la izquierda, los intelectuales intelectualizan a la izquierda, mientras que el común de los mortales piensa cómo afectará en sus propias carnes lo que afirman. Y la gente de a pie no participa de esos juegos intelectuales si lo que se plantea suena muy abstracto o tiene muchos riesgos o si los perjuicios son mayores que los beneficios. O si pudiera ser que lo que se hace igual obliga a cosas que, en realidad, no se quieren hacer.

Por eso, cuando se habla de la izquierda, después de establecerse cuáles son los objetivos, es inteligente plantear un plan de transición. Porque el plan de transición es concreto. Tiene menos épica, pero es más útil. ¿Dónde puede reposar entonces la épica? ¿Son la libertad, la democracia, la justicia social "rasgos definitorios de la izquierda"? Sobre estos elementos no puede haber un consenso absoluto. Tienen muchas miradas diferentes. Hay que acordar un mínimo común que compartan. Son asuntos que solo existen en situaciones concretas (esta libertad, esta democracia, este hecho de justicia). En abstracto, no significan nada a la hora de diferenciar ideológicamente entre derecha e izquierda. No son absolutos sobre los que puede haber una comunicación perfecta. Son provisionales y fragmentarios.

Sin embargo, otra cosa ocurre con la dignidad. La dignidad es absoluta. Para entender esto no hay que pensar en un apocalipsis ecológico o en hambrunas devastadoras. Los apocalipsis ya están aquí, con sus negaciones de la humanidad y, curiosamente, con la paradójica exaltación de la dignidad de la gente corriente. Es lo que se ve en todos los barrios de las grandes ciudades de América Latina donde se expresan los dos extremos. Por un lado, el depredador de las bandas o el de las grandes corporaciones, los que despliegan la violencia policial o paramilitar, todos los extremos del narcotráfico, de la venganza y del miedo. Y enfrente, aunque a veces dentro o al lado, la lógica misionera de la cooperación, de la ayuda mutua, de la empatía, de la defensa colectiva, del cuidado social de los niños, de la palabra que se cumple, de las mujeres sembrando la dignidad en un campo por donde Dios hace mucho que no pasa. La izquierda del siglo

XX ha querido entender toda su actividad política con la confrontación del capital contra el trabajo. Sin embargo, ese papel de las mujeres, urgido por la guerra, por el desempleo, por la violencia, por la falta de techo, por el agotamiento de la tierra, por el neoliberalismo, ha situado la batalla en otro escenario: el del capital contra la vida. En esas peleas es más fácil ver la dignidad por la que se lucha. Por eso la izquierda concreta no puede ser sino fragmentaria y provisional.

Como la vida. Hay un fetichismo de la mercancía que hace que veamos el producto, pero no el proceso. No ocurre eso cuando piensas en la vida contra el capital.

La derecha le lleva muchos cuerpos de ventaja a la izquierda. Entre otras cosas, tiene respuesta a todos los problemas que existen, mientras que la izquierda, no. Es verdad que las soluciones de la derecha empeoran los problemas. Pero ¿a quién le importa eso? ¿No nos damos cuenta de que todas las recetas del neoliberalismo a la crisis del neoliberalismo son más recetas de neoliberalismo? Es lo que tiene ganarse el sentido común, eso que, con Gramsci, llamamos *hegemonía*. En el siglo XXI, la izquierda tiene que partir de su derrota. Se ha quedado muy viejo hasta el léxico. Decía el filósofo Rorty: "Empecemos a hablar de avidez y egoísmo más bien que de ideología burguesa; de salarios de hambre y despidos más bien que de retribución del trabajo; y de gasto escolar diferenciado por alumno y de acceso diferenciado a los servicios médicos más bien que de división de la sociedad de clases". Asustado por la caída de la URSS, Rorty decía que había que dejar de hablar incluso de capitalismo. Ahí se equivocaba. Quien pone los nombres, manda. La izquierda tiene que reescribir el diccionario. Te da lo mismo que te despidan porque deslocalice la fábrica un empresario que un emprendedor, que pases calamidades en el capitalismo o en la economía de mercado, que trabajes más horas y ganes menos por la explotación o por la optimización de recursos. La única diferencia es que si crees que eres un *loser*, un perdedor, en vez de alguien a quien han arrojado al suelo, es más probable que te resignes y no hagas nada.

Algoritmo nuestro que estás en los cielos…

Durante muchos años, Gawdat estuvo interesado en diseñar una fórmula que le permitiera desarrollar un verdadero estado de felicidad permanente. Después de incontables horas de investigación, por fin descubrió una ecuación basándose en la comprensión de cómo el cerebro absorbe y procesa la alegría y la tristeza.

Años más tarde, el algoritmo de Mo fue sometido a una durísima prueba cuando su hijo, Ali, murió de manera repentina. Él y su familia pusieron en práctica la ecuación y pudieron salir de la desesperación y recuperarse de la tragedia. Después de vivir esta experiencia, Gawdat decidió que compartiría su algoritmo con el mundo y ayudaría al mayor número de personas posible a ser más feliz.

En El algoritmo de la felicidad, el autor nos explica las razones subyacentes al sufrimiento y nos enseña, paso a paso, cómo despejar la fórmula para lograr una felicidad para toda la vida enseñándonos a disipar las ilusiones que nublan nuestro pensamiento.

Mo Gawdat (Chief Business Officer de Google),
sinopsis publicitaria de *El algoritmo de la felicidad*

La publicidad casi siempre se ha basado en el engaño. Fuera para vender dioses, pócimas, coches, detergentes, teléfonos, zapatillas, tabaco o algoritmos. Todos, en algún momento, nos han prometido que nos traerían la felicidad.

Cuando en los años noventa se discutió en el Ayuntamiento de Berlín si introducir publicidad en los libros de texto se armó un escándalo en la municipalidad. Los que estaban a favor argumentaban que era la única manera de recaudar dinero para pagar los gastos escolares, incluidos los propios libros, y reparar la escuela, además de que colocaba a los niños en el mundo real. Otros, con mayor criterio, decían que el fin de los libros de texto es trasladar conocimientos objetivos, mientras que el de la publicidad es vender más unidades de un producto. Ambas lógicas no se podían combinar porque se generaban claras incompatibilidades, se mezclaban medios que se negaban entre sí y se confundían ambientes.

La publicidad siempre ha segmentado a su clientela. Marlboro, que inicialmente había sido una marca para mujeres, decidió dejar de fracasar intentando vender tabaco a los hombres y se enfocó en los *teen-agers*.

Un adolescente quiere, principalmente, hacerse mayor (sin cuestionar de manera radical el seguir viviendo de sus padres). El relato del *cowboy* solitario de Marlboro recreaba esa ansiedad por poder recorrer pronto las praderas. Lo más cercano a ese sueño para un joven de Missouri o Chicago era fumarse un pitillo de esa marca. El anuncio fue tan exitoso que el actor más relevante de los que encarnaron al famoso vaquero, que moriría de cáncer de pulmón, se vio en el otoño de su vida en la obligación de protagonizar un anuncio en donde se emulaba los anuncios de Marlboro pero con un mensaje menos optimista: "Tengo enfisema". Millones de jóvenes llegaron al tabaco de la mano del *cowboy* y se sintió responsable.

En la cultura patriarcal, los anuncios de detergentes siempre se han dirigido a las mujeres, especialmente a las amas de casa. El *modus operandi* solía ser similar. Primero se les recordaba en cada anuncio que si algo fracasaba en su entorno –su matrimonio, el trabajo de su marido, el rendimiento escolar de su hijo– era por culpa de la suciedad. Los que diseñaron los anuncios contaban con información psicoanalítica que establece que la mujer se siente sucia porque menstrúa, a lo que hay que añadir la carga de los cuidados en el hogar, siempre puesta sobre las espaldas de las mujeres. En los anuncios comerciales, después de crear el sentimiento de culpa, la marca de limpieza ofrecía su solución: "Con Scotch Brite el frotar se va a acabar", o aparecía Mr. Propper a echar una mano y hacer menos pesada la carga. El anuncio crea la culpa y el producto trae la redención.

El desarrollo de las nuevas tecnologías permite algo inédito en la historia de la humanidad: obtener cantidades ingentes de información y, lo que no es menos relevante, procesarla. La obtención de información tiene todo tipo de formatos: cámaras de vídeo, "me gusta" en Internet, correos electrónicos, Facebook, Google, Instagram, Twitter, compras en Amazon, pagos con tarjetas en las tiendas físicas o en red, formularios rellenados en el dentista o en un museo, peticiones de trabajo, dirección postal, multas de tráfico, encuestas, llamadas de teléfono, navegación en páginas de viajes, de cocina, de pornografía o de ciencia política, encuestas de personalidad en las redes sociales, interés mostrado en productos para primeras madres, consultas masculinas sobre el tamaño del pene, dudas sobre el rechazo sexual de la pareja, preguntas sobre problemas con el alcohol, lectura del periódico, difusión de chistes o de cadenas sanatorias, inclinaciones sexuales, series y películas vistas en la red, búsqueda de pareja ocasional o estable, facturas de teléfono, compras en supermercados *online*, detenciones por protestas sociales… Como si en épocas pasadas se hubieran podido escuchar todos los pecados y dudas en los confesionarios, como si se hubieran abierto todas las cartas de todos los amantes, como si se hubiera visto cómo respondía la audiencia en todas las obras de teatro y en cada púlpito, como si se hubiera tomado el pulso a la lectura de cada versículo de la Biblia, se hubieran escuchado los debates en los seminarios, los consejos en las cancillerías, las decisiones reales en las alcobas. Aun así, se quedaría en poco. Las empresas de datos saben cuánto hemos tardado en leer un artículo, es decir, si somos rápidos o lentos leyendo. Saben nuestro acento y nuestra dicción, saben dónde vivimos gracias a nuestro código postal, saben si escribimos con faltas de ortografía, saben si nos han echado de un trabajo, si nos asusta el dentista o si no podemos costeárnoslo, si odiamos a los gitanos o a los pijos, qué delito sería más fácil que cometiéramos o qué foto tienen que escoger para que mandemos la máxima cantidad posible de dinero a una acción.

Los avances en biotecnología están abriendo escenarios de película. No solo porque los controles faciales de la Policía se hayan vuelto tan amables que no nos molestan pidiéndonos la documentación, sino que los hacen fotografiándonos con un móvil en una manifestación y mandando la foto a la nube para identificar nuestro perfil. Se pueden controlar así las sensaciones faciales, el ritmo cardiaco, la sudoración, la activación de zonas cerebrales, el flujo sanguíneo que genera nuestro cuerpo ante una imagen que nos muestren. De manera que alguien puede saber cosas que quizá no sabemos de nosotros mismos, tales como la aversión a un jefe, a un familiar o a nuestra pareja, nuestra orientación sexual, nuestra potencial condición de violadores o pederastas, la satisfacción que nos produce el trabajo, nuestra inclinación a votar a partidos antisistema o el miedo a la soledad, a engordar o a que los inmigrantes *nos quiten nuestros trabajos de esclavos*.

Todas estas informaciones, tan numerosas, son inoperativas si, por su volumen, no se pueden procesar. En *The Wire*, la serie de David Simon sobre la Policía de Baltimore, las grabaciones a los *dealers* debían ser escuchadas para convertirse en incriminaciones. Una hora de escucha, una hora de trabajo. La Policía podía grabar cientos de miles de horas de conversaciones, pero ¿había después recursos para procesarlas? El *big data* permite procesar todos estos datos, cruzarlos, segmentarlos. Si en

1984 el refinamiento del totalitarismo se veía en que el poder torturaba a cada ciudadano con el miedo que más le aterraba –el *gran hermano* sabía de nosotros hasta nuestros más íntimos terrores–, en los tiempos del *big data* mercantilizado, el poder económico, político, mafioso, religioso o del tipo que sea tiene más información particularizada de cada ciudadano de la que nunca pudieron recopilar el KGB, la CIA, el Mosad o la Stasi. Además, se la hemos regalado. La nuestra y la de nuestros amigos en las redes. ¿Quién se encarga de convertir esos datos en información útil para alguien? Un nuevo dios que habita en la nube allá en los cielos: el *algoritmo.*

Dice la Real Academia que la palabra *algoritmo* provendría seguramente del latín tardío *algobarismus,* y este a su vez sería una abreviatura del árabe clásico *hisābu lḡubār,* que significa "cálculo mediante cifras arábigas". Un algoritmo es un "conjunto ordenado y finito de operaciones que permite hallar la solución de un problema". Un algoritmo simple es la regla de D'Hont para asignar escaños: dividir los votos de cada partido por 1, 2, 3, 4… hasta un número *n* de escaños. Un algoritmo medio es el que, según el programa *Tolerancia cero,* hace a la Policía de Nueva York pedir la documentación a los chicos negros o latinos que viven en determinadas barriadas. El algoritmo incorpora una regla que concluye que si eres joven, negro o latino, vives en Harlem, estás en la calle sentado en unas escaleras, vistes como un rapero y fumas marihuana, eres probablemente un delincuente. Un algoritmo podría hacer algo similar en el barrio de la Moraleja de Madrid, señalando que un hombre blanco de mediana edad, con un movimiento brusco y continuo de la mandíbula, en un coche caro, que trabaja en el sector financiero, viaja a paraísos fiscales, vota a partidos de derecha, frecuenta amistades que han tenido problemas con el fisco, se acuesta con prostitutas caras y ha ido a un concierto de Coldplay es un potencial delincuente (económico y también por consumo de drogas y de prostitutas) y, por tanto, la Policía debe pararlo en un semáforo y pedirle los papeles. Es bastante probable que si eso pasa dos o tres veces, el financiero se enfade y agreda física o verbalmente al agente, lo que puede concluir con una detención por parte de la Policía y, entonces sí, el ciudadano estará en una base de datos de delincuentes, lo que permitirá que a partir de entonces el algoritmo lo señale con mayor razón. Un algoritmo complejo es el de Google o el de Facebook, que se puede traducir en quién se enriquece y quién se arruina, qué noticias se van a leer y cuáles no, a quién le mandas información contra los inmigrantes o peticiones de dinero para una campaña contra el dengue en África, quién puede ganar las primarias o las elecciones en Estados Unidos, Argentina, España o Nigeria o quién va a salirse con la suya en el referéndum del *brexit* en Gran Bretaña.

Cuando empezamos a darnos cuenta del proceso de globalización, surgieron dos grandes grupos (tres con los "indiferentes"). Los "globalistas", que no veían sino bondades en el proceso y lo alentaban, y los que fueron etiquetados como los "antiglobalización", que alertaban sobre los riesgos de todo lo que después ha pasado y pedían prudencia. Con el *big data* mercantil nos encontramos con algo muy similar. No será gratuito el nombre que se le dé a cada una de las posiciones. Mientras que en las discusiones de los años noventa unos eran los globalistas o los defensores de la *globalifilia*, los críticos eran definidos como los *anti* o los globalifóbicos. No era ingenuo, pues mientras unos se definían *positivamente* a favor, otros lo hacían *negativamente* en contra. Una filia, además, es un sentimiento amable, mientras que una fobia es una enfermedad.

Los optimistas del *big data* ondean el lema: "¡Dejad hablar a los datos!". Es verdad que antes, cuando se tiraba una moneda al aire, lo más que podíamos prever es que salía un 50 por ciento de veces cara y un 50 por ciento de veces cruz. Hoy se saben muchísimas cosas más: el grosor de la moneda, la colocación entre los dedos, la fricción con el aire, las corrientes, la fuerza del lanzamiento, complejas estadísticas… Pero si con una moneda hay ya mucho que medir, con los seres humanos el asunto se vuelve más arduo. Sin embargo, tampoco ha sido un problema. Les hemos regalado, de clic en clic, de correo en correo, de "me gusta" en "me gusta", de serie en serie, de compra en compra, toda la información posible sobre nosotros. Empezaron queriéndose adelantar a nuestros gustos para vendernos ropa. Se dieron cuenta de que podían determinar el resultado de las elecciones.

Es verdad que toda esa información, en buenas manos, abre posibilidades inéditas en la historia de la humanidad. Se reduciría el ensayo y error, se sabrían mejor las necesidades, se podrían prever catástrofes, se ordenaría mejor el tráfico en las ciudades, se perseguiría de manera más eficiente a los defraudadores, narcotraficantes, vendedores ilegales de armas, se repartirían mejor los bienes, se prevendrían hambrunas, se enseñaría a los estudiantes de manera más particularizada, se imputarían de manera más clara las responsabilidades, aumentaría la productividad, dejarían de robarle dinero a la gente con la lotería y la bolsa...

Pero toda esa información ni es pública ni está gestionada por almas fraternales, sino que está sujeta al metabolismo del capital, que no es otro que la obtención del máximo beneficio realizado a través del mercado. Es verdad que ha sido así en los últimos dos siglos y que, como recuerda O'Neil, el buhonero que llegaba a un pueblo a vender sus pócimas inoperantes iba fijándose desde su carreta en el anillo de los casados, en los dedos artríticos de las mujeres mayores, en una mejilla inflamada por una caries, en una pierna renqueante. De esa observación sacaría los ejemplos para las curas milagrosas de su brebaje. El problema es que hoy, con el desarrollo informático, psicológico y biotécnico, la posibilidad de influir es más rápida, intensa, generalizada e inconsciente. El *big data* echa burundanga en el café con leche con el que desayunamos y nos deja a su merced. Salvo que veamos el engaño. ¿No debiera estar el espacio de lucha contra cualquier opresión, es decir, ese espacio que antaño ocupó la izquierda, en primera línea de control de estas amenazas?

Llama la atención que la asignatura de Ética forme parte obligatoria del currículum de las escuelas de negocio. Cabe explicar que es así porque ha desaparecido del resto de las asignaturas. Una escuela de negocios que no enseñe a engañar mejor que otras escuelas de negocios tendría el mismo fin que un león solidario que decidiera negociar con la gacela si debe comérsela o no.

Regalamos todos los días nuestros datos. Incluso las personas que ya no son económicamente relevantes, ni como productoras ni como consumidoras, existen como suministradoras de datos agregados. Corresponde a las empresas de datos recolectarlos y procesarlos. Se los compran segmentados quienes quieren vendernos un préstamo, un detergente, un modelo de patria, el odio a los izquierdistas, un coche o el voto a un candidato oscuro que nadie conocía. Los anunciantes no quieren tirar su dinero ofreciendo un producto a quien ni siquiera va a escucharlos. A no ser que compren la llave de la puerta. La clave del *brexit*, de la victoria de Obama y de Trump en Estados Unidos, de Macri en Argentina, de Rajoy en España, de Duque en Colombia que empezó el día que un joven que quería vender moda se preguntó: ¿y cuándo unas prendas que son objetivamente feas empieza a llevarlas tantísima gente? Cuando tienes la respuesta puedes construir el algoritmo.

Los algoritmos que procesan toda esa información afecta a la vida de millones de personas en ámbitos que no imaginamos. ¿No sabe acaso Spotify la música que nos gusta? Su algoritmo particulariza nuestros gustos. Nos hace selecciones de canciones cada semana. Y nos permite, cuando un tema no nos gusta, pinchar en una señal de prohibido a su derecha y decir si no nos gusta la canción o si quien no nos gusta es el autor, si no nos gusta *Caballero de verdad* o si quien no nos gusta es Bertin Osborne (Spotify nunca me ha seleccionado temas de Bertin Os borne y tampoco de Julio Iglesias, pero a veces se equivoca y no sé si decírselo).

Hay un algoritmo del que depende el futuro de cientos de miles de estadounidenses. Es el que decide lo que vale un título universitario en Estados Unidos. Es el que construye el índice de las supuestas mejores universidades, elaborado por el US News & World Report. Como siempre, una institución privada. Ese algoritmo, como casi todos, guardado como la fórmula de la Coca-Cola, pertenece a unas personas que lo usan para ganar dinero, pero afecta a las universidades privadas y también a las públicas. Igual que los algoritmos de las empresas de *rating*. Hay universidades que, atendiendo a las exigencias de ese *ranking*, gastan hasta tres veces más dinero en *marketing* que en los estudiantes. Cuenta Cathy O'Neil en *Armas de destrucción matemática* que la Universidad de Phoenix gastó 2.225 euros por alumno en publicidad y 892 en educación. Tres veces más en asuntos no estrictamente académicos. El índice mide la "calidad" de los alumnos que se inscriben, penaliza los que se dan de baja, prima la probabilidad de que reciban ayuda estatal o un préstamo. De la misma manera, hay empresas que hacen *coaching* a estudiantes para que rellenen exitosamente, a cambio de entre 15.000 y 20.000 dólares si son admitidos, el formulario de admisión (las admisiones en primera instancia, los rechazos, las matrículas finales de los admitidos, la formación, el origen, el éxito deportivo, los sueldos que ganan los padres o los egresados son elementos que utiliza el *ranking* para subir en el índice de mejores universidades).

En nombre del algoritmo se puede echar a cualquier persona de su puesto de trabajo, sea maestra, médico, abogado, portero o electricista. El algoritmo calcula la eficiencia laboral y quien no lo cumple puede ser despedido. De la misma manera, el algoritmo calcula el mayor rendimiento que pueden producir las horas de trabajo de cada trabajador. El *clopening* es la decisión "eficiente", tomada por un algoritmo, de que algunos trabajadores cierren los Starbucks y sean también los que los abran. Llegarán al trabajo muy tarde y muy temprano. La empresa ganará más, pero la conciliación familiar de los trabajadores será imposible. Lo que gana la empresa lo pierde el empleado. ¿Tienen los sindicatos un *big data* sindical para luchar contra la información opaca y que se presenta como "científica" del *big data* mercantil? Lo mismo vale para los profesores que son despedidos el fin de semana o durante las vacaciones de Navidad o verano, para los choferes de Uber, para los trabajadores de *telemarketing* o para los que distribuyen la mercancía en Amazon. Si las decisiones del *big data* no te convienen y perjudican tus derechos como trabajador o como ciudadano, ¿con quién lo discutes?

Ante las quejas de la izquierda, una de las explicaciones del capital para justificar sus enormes ganancias estaba en el riesgo que se corría. ¿Qué riesgo han corrido los bancos rescatados con dinero público? ¿Qué riesgos corren ahora los que pueden usar el *big data* para ajustar la información? Las aseguradoras saben más sobre nuestra salud que nosotros mismos. Tienen no solamente nuestros historiales médicos –es una noticia repetida la venta de datos médicos por parte de hospitales o compañías de seguros a otras empresas–, sino que además tienen los datos familiares y pueden establecer correlaciones genéticas. ¿Debe pagar más caro un seguro una persona cuya familia tiene un historial de cáncer? El lugar histórico de la izquierda ha tenido clara su respuesta: donde se rompe el principio de universalización, se abre la puerta a la privatización y a las desigualdades.

Uno de los principales males viene de mano de las instituciones financieras. Los bancos ya saben qué préstamos son de mayor riesgo –según el algoritmo, al que no le importan las causas de un impago– y eso puede significar que una persona que se haya retrasado en el pago de una mensualidad de un electrodoméstico haya pasado a formar parte de un índice de morosos y a partir de ese momento todo se le vuelva más caro.

Pese a tener la etiqueta de "científico", el *big data* se equivoca. A menudo, se ve forzado a sustituir los datos que le faltan por aproximaciones y valores sustitutivos. Ahí corre riesgos, pero los riesgos, en una economía de mercado, los van a correr a favor de la empresa. ¿A quién le importa la estigmatización de los morosos, aunque sea porque su empresa se ha deslocalizado para ganar aún más (como, por ejemplo, hizo Coca-Cola en Fuenlabrada, en España)? ¿Quién muestra interés porque las personas con alguna minusvalía vean cómo se agravan sus problemas porque nadie las contrata o les cobran más caros los servicios? ¿Quién se preocupa por el cobro de intereses más altos a personas que han contado a los bancos que están angustiados y necesitan urgentemente ese préstamo? ¿Quién reclama al seguro del coche el que cobre más cuota a conductores que tuvieron problemas con una factura?

Los optimistas del *big data* alaban la capacidad de ajuste del algoritmo. Y es verdad. Ante un error, la capacidad de ajustarse es enorme, precisamente por esa capacidad de procesar millones de datos y sus interacciones. Un ordenador sin experiencia fue capaz de ganar con un entrenamiento de días al ordenador que había derrotado a Kasparov. Las máquinas derrotando a los humanos. Convendría que los robots fueran de izquierdas.

El respeto que debemos a la naturaleza es porque expresa millones de años de ensayo y error. Está probada. Por eso se reclama el "principio precaución" cuando algo puede alterar lo que ha costado millones de años ajustarse. ¿Vale la comparación con el *big data* mercantil? La verdad es que no. El león que se come la gacela luego deja en paz al resto de la manada e, incluso, otras gacelas pueden pastar mientras el león hace la digestión. Pero un fondo buitre que ha expulsado de su vivienda a cientos o miles de inquilinos aún no ha terminado de completar el *crimen* cuando ya está procesando información para el próximo ataque.

Los anunciantes que han pagado dinero a una empresa de datos, a Google, a Facebook o a Youtube repercutirán los gastos en el producto final. Los estudiantes lo pagarán en sus matrículas, los prestatarios en el préstamo, los asegurados en la cuota anual que libran, los ciudadanos en los contratos públicos o los favores a bancos y empresas que pagan los gastos electorales de los partidos que han comprado en el carísimo mercado del *big data* datos segmentados y espacio en las redes.

En la sociedad del *big data* mercantil hay empresas que saben cuándo queremos cambiar de trabajo y nos avisan a nosotros o a otras empresas —¡o a nuestro propio jefe!— a cambio de dinero. Tienen la capacidad de buscar correlaciones cruzando millones de datos. Saben a quién escribimos, cuánta calefacción pagamos, qué nos da miedo, qué nos alegra, qué nos repugna, cuándo fue la última vez que fuimos al hospital, si hemos abortado, cómo nos afectan las rupturas sentimentales, qué dieta hacemos, si deseamos ser madres, cuál es nuestra actividad sexual, si nos gusta el manga, Corto Maltés o los cómics de superhéroes, si vemos porno, si tenemos compromiso político, a dónde viajamos y con quién, en qué hotel nos quedamos, si merecemos o no, según el parecer del contratante, ser contratados.

En Internet no hay operadores neutros y el papel de la izquierda no puede ser el de apoyar la censura en las redes –ni en las televisiones– en nombre de las barbaridades que está haciendo la derecha en las redes y las televisiones, entre ellas poblarlas de *fakes news*, fomentar el odio o mandar mensajes segmentados e información segmentada para que un 60 por ciento de norteamericanos sigan pensando que Obama es árabe o un 30 por ciento de españoles perdonen la corrupción al Partido Popular. No hay izquierda si no se revierte el miedo, la indiferencia y la voluntad de delegar el poder. El *big data*, a día de hoy, distorsiona la educación, acrecienta la deuda de los pobres, estigmatiza colectivos, rompe la lógica del trabajo, disciplina, extorsiona a los humildes y socava la democracia. Es el perfecto compañero del control de los medios de comunicación que puso en marcha la derecha americana y europea en los años setenta.

Una sociedad vigilada es una sociedad que no puede madurar. La responsabilidad desaparece y cualquier equivocación es para siempre. Los ricos podrán comprar servicios personalizados y a los demás se les aplicará el algoritmo. El algoritmo podrá incorporar valores humanos o pautas de beneficio. Será un vertedero como Twitter o un claustro fresco y acogedor como Wikipedia. Nos librará del trabajo o nos convertirá a todos en reponedores en los sótanos de Amazon o Alibaba. Se pondrá al lado de los bufetes de abogados, de los lobistas, de los grandes medios, de los viejos partidos o se pondrá al servicio de las mayorías a las que pertenecen los datos.

La propiedad de los datos es tan importante para la izquierda como fue la propiedad del trabajo en el siglo XX. Las dictaduras militares del siglo XX pueden convertirse en lo que Harari llama en sus *21 lecciones para el siglo XXI* "dictaduras digitales", donde será imposible escapar a la vigilancia del gran hermano. En un mundo ya devastado ecológicamente, esas dictaduras digitales estarán, además, al servicio de dictaduras medioambientales.

La transparencia es esencial, así como la protección de datos (que no puede ser la estúpida pregunta actual constantemente repetida de si "aceptamos" entregarlos). En el momento en que los datos son públicos, los que quieren convertirlos en información privilegiada no podrán hacerlo. Si ya vamos tarde en la alfabetización audiovisual, hay que impulsar la alfabetización en las redes. Solo conociendo desde niños la importancia de los datos puede evitarse la apropiación comercial de los mismos. Las multas a los que usen de manera ilegal los datos deben ser disuasorias, sea en un contrato de trabajo o para vender una nevera. ¿Puede la Administración crear robots de *software* que estén constantemente vigilando el comportamiento del *big data*? ¿Puede dar becas a estudiantes que apliquen el *big data* para rastrear los componentes de trabajo esclavo en una mercancía? ¿Puede fomentar documentales que expliquen el *big data*? ¿Puede incluir asignaturas en la escuela que alfabeticen informáticamente? Todo esto sería muy relevante. Pero al mismo tiempo es esencial que la sociedad civil esté controlando la democracia en la red, algo que es más fácil de enunciar que de hacer, visto el oligopolio mediático. Los partidos políticos, los medios de comunicación, los sindicatos y las universidades son instituciones que se están quedando anquilosadas. Pero, sin ellas, la democracia va a ir peor. Frente al *big data* mercantil, hacen falta *hackers* con conciencia social. El mejor acto de periodismo del siglo XXI ha sido WikiLeaks. Contra el *big data* mercantil es obligatorio hacer públicas las estrategias del poder y crear un *big data* social. La izquierda no puede tener futuro si no asalta al algoritmo. Hoy se asaltan los cielos asaltando las redes y la nube.

Sigue siendo útil leer a Rosa Luxemburg y a Lenin. El aire de familia de la izquierda debe conocer sus tradiciones. Pero si Rosa Luxemburg o Lenin vivieran, patearían el trasero de los que, en el siglo XXI y en nombre de la izquierda, tienen miedo a entrar en los problemas de su época. Si ese espacio por construir que antaño se llamó izquierda no es capaz de dar respuesta a los problemas de su tiempo, ¿para qué sirve ese espacio?

Cinco razones, sin embargo, para hablar de la izquierda

En tiempos de crisis, todos los conceptos sociales no valen lo que costó acuñarlos. Mientras que se asientan las nuevas verdades en el siglo XXI, los conceptos van necesariamente a decepcionar. Lo que sea la "izquierda" no está lejos de esta maldición. Por eso este ensayo está atravesado por la pelea constante entre el *coraje de la banalidad* (atrevernos a ser claros) y la *severidad intelectual* (la necesidad de afinar para reducir la consternación ante lo mucho que nos jugamos en un mundo enloquecido y sin claves). Podemos resumir en cinco ideas la explicación de por qué seguimos hablando de la izquierda, aunque resulte confuso, aunque sea prácticamente imposible explicar con absoluta certeza qué está pensando una persona o un partido que se declara de izquierdas. Cinco ideas que dan cuenta de por qué necesitamos hablar de la izquierda, aunque solo sea para que no se nos impida hablar de la derecha. Cinco razones de por qué seguimos recurriendo a este concepto que, aunque lo sabemos cansado, lo vestimos con los ropajes repetidos de ese aire de familia que busca la justicia y nos hermana. Cinco razones para recordar que vivimos en sociedades capitalistas, que las sociedades capitalistas generan desigualdades y que, mientras existan desigualdades, mientras no se disipen la miopía intelectual y el miedo siempre se levantará un ser humano que proteste y su protesta se hará no en nombre propio, sino de todos los hombres y mujeres. Porque hemos llegado hasta aquí compitiendo y también cooperando. Sobre todo cooperando. Y esa actitud lo emparentará con ese aire de familia de la izquierda. Cinco razones para asumir que, mientras no tengamos algo mejor, hay que seguir hablando de la izquierda para entendernos:

1. La primera idea quiere dejar constancia, más guiada por la experiencia que por los libros, de que lo que diferencia a una persona conservadora de otra progresista es la confianza o desconfianza que tenga en el ser humano (algo que vale también para la socialización patriarcal de las mujeres. Tienen razón las feministas que no entienden por qué Blancanieves prefiere a siete enanitos antes que pactar con la bruja el futuro del rey y el del príncipe). Esto se traduce en entender que el aire de familia del que proviene la izquierda (y el lugar actual de lo antaño llamado izquierda) está marcado por la fraternidad. El lenguaje nos limita por haber sido históricamente un coto de hombres. Por eso, aunque la damos por incorporada en la fraternidad, mencionamos también la sororidad, es decir, la hermandad entre mujeres. La fraternidad es la razón última que sostiene el deseo de igualdad entre los seres humanos. Una concepción pesimista del ser humano genera una mirada desconfiada, predispone los comportamientos hacia la derecha y quiere dirigentes políticos sinvergüenzas que justifican los comportamientos egoístas por abajo. Una concepción optimista, por el contrario, frena el miedo, busca la

colaboración y se basa en el diálogo como herramienta. Es decir, tensiona hacia la izquierda. No es posible reinventar el espacio antaño llamado izquierda si no se recuperan las bases intelectuales de la fraternidad.

2. La segunda idea quiere entender de una vez por todas que la izquierda tal y como la hemos conocido durante el siglo XX ha pasado a mejor vida. Esto es debido al desarrollo de la sociedad, al aumento de la complejidad social (es más difícil que hoy funcionen los zapatitos de Cristal –partidos, sindicatos, naciones, religiones– de ningún príncipe caprichoso), al crecimiento de la diversidad, a los errores teóricos y prácticos de la izquierda y a su falta de autocrítica eficaz. La vieja izquierda ha pasado a mejor vida por no entender dónde estamos en los tiempos de los medios de comunicación, de la sociedad de servicios, del *big data*, del monopolio de la información, de la hegemonía consumista e individualista del neoliberalismo. Por no entender que el modelo neoliberal se basa en un sentido común donde es más fácil que las mayorías reclamen ser incluidas en el consumo a que vibren con reclamaciones utópicas. Gente que antaño votó a la izquierda cree que Donald Trump es una víctima de la prensa y que es por culpa de malvados periodistas de izquierda –¡*The Washington Post* o *The New York Times*!– que no pueda hacer política para la mayoría. Sindicalistas alemanes piden, literalmente, un Auschwitz para los inmigrantes. Parte de los poscomunistas de Alemania Oriental se han olvidado de los empresarios y banqueros que llevaron a Hitler al poder y solo expresan su ira contra los subsaharianos que huyen de las guerras y de la miseria creada, de nuevo, por empresarios y banqueros. Cientos de miles de cristianos que van a misa los siete días de la semana dejan ahogarse a inmigrantes en el Mediterráneo. Evangelistas neopentecostales rezan con una mano y con la otra votan a fascistas que añoran la dictadura brasileña. Un mundo más impredecible, sin pistas, alimenta el miedo. La izquierda no puede avanzar si no entiende esos miedos y los conjura (es una inmoralidad echar la culpa a los inmigrantes y es una ingenuidad no entender que hay que controlar democráticamente las fronteras). En un mundo confuso, las mayorías perplejas van a buscar a quién echarle la culpa de su miedo o de su precariedad, y si no aciertan en señalar a los verdaderos culpables –banqueros, grandes corporaciones, políticos sin valores–, buscarán a los sospechosos habituales –inmigrantes, izquierdistas y sindicalistas, judíos, árabes, mujeres–. La crisis-estafa de 2007 robó los ahorros de millones de personas en el mundo y ningún

responsable entró en la cárcel. En España, el PP hizo ministro de Economía a Luis de Guindos, responsable para Europa de Goldman Sachs cuando la entidad financiera ayudó a la derecha en Grecia a falsear las cuentas para que entrara en el euro. También en el PP, el ministro Montoro promulgó una amnistía fiscal que fue declarada inconstitucional por el Tribunal Constitucional. Nadie ha devuelto el dinero. Si encarcelan a alguien que roba para comer, ¿no deberían estar estas piezas esenciales en el engranaje del robo a gran escala en la cárcel?

3. Si las respuestas que puso encima de la mesa la Ilustración ya no sirven, las preguntas siguen intactas y están signadas por la idea de hermandad. Si no es la "izquierda" y decidimos llamar lo "abajo", lo "común", "socialismo", lo "nacional-popular", "república", "ayllu" o de cualquier otra forma que implique trabajar para lograr una misma dignidad entre todos los seres humanos, siempre estaremos diciendo "el lugar antaño llamado izquierda".

La izquierda no es un corpus cerrado que un iluminado pueda hacer bajar del monte Sinaí de la emancipación. Muy al contrario, se construirá con un diálogo permanente. La izquierda es, ni más ni menos y como venimos repitiendo, un aire de familia en constante renovación que se basa en la idea de *fraternidad*. Es una herramienta de hermanamiento de todos los seres humanos a los que consideramos idénticos sujetos merecedores de igual dignidad. La *libertad* es el requisito, la condición para que pueda operar esa fraternidad. Y la *igualdad* en el disfrute de las ventajas de la vida social compartida, el objetivo. Una igualdad que incorpore la responsabilidad y el mérito, que respete las diferencias que otorgan identidad, es el valor principal que buscamos. Ese espacio antaño llamado izquierda tiene que saber que detrás de toda discriminación no hay una *raíz* económica que se pueda señalar como un mecanismo que siempre salta de manera idéntica. Se acabaron los tiempos de las explicaciones mecanicistas y de los resortes automáticos. Pero, cuidado, siempre hay un *matiz* económico. La economía –debe aprenderse desde ese aire de familia de la izquierda– no es condición suficiente para cualquier análisis, pero es condición necesaria. Sin ruedas dentadas implacables e invencibles pero también sin ingenuidades. Por eso a la izquierda deben dolerle las injusticias, debe hacer un buen diagnóstico de sus causas, tiene que evaluar moralmente la situación estableciendo responsabilidades (y las víctimas también pueden tener responsabilidad) y tiene que traducir la empatía con las víctimas en propuestas de solución.

4. La pérdida de certezas que caracteriza nuestra época nos obliga a asumir como pauta constante de comportamiento político la obligación de *cabalgar contradicciones*. A no ser que se quiera vivir en ese mundo que nunca existió, pero donde se decía, en nombre de supuestas ciencias, que todo estaba de una manera u otra determinado (por la historia, la economía, la secularización, el proletariado…). La época obliga a asumir que, como le ocurre a la luz, prácticamente todo lo que ocurre en la vida social puede ser al tiempo –y a menudo deberá orientar la práctica en ese sentido– onda y partícula según lo observes. Los tiempos de cambio son tiempos de tensiones. Quien quiera tranquilidad deberá confinarse *en los frescos claustros de las iglesias*. Hay que vivir esas tensiones en toda su riqueza. Las soluciones, cuando las nuevas certezas aún no se han consolidado, solo pueden ser dinámicas y contradictorias. Será desde la práctica, no desde alguna deducción teórica, desde donde saldrá la necesidad de buscar consensos, lejos de los *puros asnos* que lo tienen todo claro desde su apesebrado cielo intelectual.

Esto no significa obligarnos a vivir en la incertidumbre, sino acostumbrarnos, como forma de resolver conflictos, a poner en constante discusión los pares de verdades que antes estaban confrontados. La izquierda –y la democracia– van a ser al tiempo racionalidad y pasión, pensamiento y sentimiento, orden y espontaneidad, partido y movimiento, Gobierno y calle, locales y globales, masculinas y femeninas, nacionales y extranjeras, individuales y colectivas, Estado y comunidad, estructura y caos, consumo y sostenibilidad. Para que la cabalgadura de estas contradicciones no nos lleve a la desorientación (la ausencia de rumbo) o al autoritarismo necesitaremos dos requisitos. Por un lado, estructuras que funcionen viendo todo el bosque, que se encarguen de hacer que operen tanto el conjunto como las partes y, por otro, muchas partes autónomas y relacionadas con esas estructuras, en constante deliberación, tomando decisiones y sometiendo permanentemente los procesos al escrutinio tanto de la experiencia (de los que saben) como de aquellos a los que les afectan las decisiones. Al final van a tener razón los que defendían meterle dialéctica al mundo. Porque el mundo está lleno de limitaciones objetivas y de posibilidades que hay que imaginar.

5. Por último, la certeza de que detrás de cada problema social, es decir, cada vez que se produce un suceso que perjudica la vida de personas, colectivos o países, suele haber, rodeando a las víctimas, culpables y beneficiados. Y esos culpables y beneficiados suelen coincidir. Cabrían, casi como únicas excepciones, los daños imaginados y las catástrofes naturales. Los daños imaginados no salen de la ceguera individual y no es cierto que el egoísmo y necedad de las mayorías sean responsables de los levantamientos democráticos. El liberalismo siempre ha querido presentar las reclamaciones de igualdad como la expresión de envidia de los pobres para con los ricos. Como si los ricos no se hubieran enriquecido sobre las espaldas de los pobres y al precio, casi siempre, de matar la dignidad. El motor de la historia son las desigualdades. Porque el conflicto, consustancial a la política, nace de las desigualdades. Por otro lado, las sequías, que son una constate de la historia de la humanidad, no son las causantes de las hambrunas ni las migraciones. La responsabilidad está en un modelo económico que ha convertido la tierra en una mercancía ficticia a la que no respeta y devasta. Ese espacio que reinvente el lugar político que antaño tuvo la izquierda debe volver a identificar a los enemigos de la democracia y ponerles nombre.

Capítulo 2

Cielo o infierno, Cola-Cao o Nesquik y derechas e izquierdas. Los nombres mienten, pero las cosas existen

Cada comunidad consume su propia mentira.
Víctor Sampedro

Dice Karl Polanyi en *La gran transformación* que siempre que se extiende la mercantilización de ámbitos de la vida social, crece la protesta. Convertir la vida en una mercancía enfada a los seres humanos cuando se dan cuenta de la pérdida que significa. Entonces podemos preguntarnos: ¿no es verdad que llamemos como llamemos a ese comportamiento de acción y reacción hay ahí una confrontación en nombre de la igual dignidad que se merecen todos los seres humanos?

La izquierda ha querido construir una gran categoría con la confrontación capital-trabajo, pero la opresión tiene muchos más contornos. Cuando hay confrontación, hay acción, hay política y desaparece el miedo que paraliza. Al haber confrontación hay igualmente empatía, solidaridad, confraternización y, por tanto, se diluye el egoísmo. Y si se considera que todos los seres humanos tienen la obligación de no humillar y el derecho a no ser humillados, se participa de una idea de justicia que forma parte de ese ánimo que históricamente hemos entendido como "izquierda". Son los nombres los que achican el espacio a las peleas. Son los nombres los que no han sabido sumar lo que comparten todas las demandas insatisfechas de una sociedad. Y aunque no sepamos explicarlo y nos falten las palabras, la realidad sigue pasando.

La derecha tiene la fuerza de lo que hay. La izquierda, la debilidad de lo que no es. De ahí que la izquierda tenga tantas formas y de que las peleas intelectuales sean tan fuertes. Al no tener la realidad, nos peleamos por las ideas. La derecha, como tiene lo que se puede tocar y medir, no tiene un gran interés por discutir sobre pensamientos y representaciones. Solo necesita las grandes justificaciones. Y buena parte de su esfuerzo pasa por ajustar y afinar lo que existe.

Decía Shakespeare que, la llamaras como la llamaras, la rosa huele igual. Hay comportamientos sociales que, los llames como los llames, ahí van a estar. Pero seamos cuidadosos. Las cosas que no tienen nombre no existen. Y no es igual llamar al sida "enfermedad de putas, yonquis, maricones y negros" que llamarlo simplemente "enfermedad" por el virus de inmunodeficiencia. En el primer caso, se deja morir a los infectados y se los estigmatiza. En el segundo, se buscan soluciones. Los nombres inventan realidad. Si no fuera así, no existirían las religiones ni las medallas. Pero los nombres no pueden inventarse toda la realidad. Quien pone los nombres manda, y lo que al final definan los nombres lo va a determinar la correlación de fuerzas entre los beneficiados y los perjudicados de esos nombres. No es igual un daño colateral para el que maneja un dron en una cuartel en Nevada que para un iraquí asesinado en Bagdad mientras hacía la compra en el mercado con su hija. Si no fuera tan importante poner nombres, el poder no dedicaría tantos esfuerzos a controlar medios de comunicación, universidades, iglesias, colegios, editoriales y redes sociales. Y el *big data*.

El aire de familia de la izquierda sigue teniendo una enorme fuerza, aunque no siempre se exprese. Tiene menos fuerza en las campañas electorales, amarradas a discursos que tienen que convencer a las mayorías, pero más en las acciones de gobierno, que son concretas. En las campañas electorales se quiere hablar a todos los electores, molestar al menor número, movilizar a los propios, desincentivar a los adversos y ganar a los indecisos. Donde se toman las decisiones verdaderas es en el *Boletín Oficial del Estado*. Cuando gobiernas, puedes hacerlo, en primer lugar, para los que han pagado la campaña electoral y para los que tienen el poder de sacarte del Gobierno. Por eso se le ha dicho siempre a la socialdemocracia que para ella la política tiene maneras de instrumentista de violín (que se coge con la izquierda y se toca con la derecha). O puedes atreverte a ser coherente.

La llames como la llames, esa flor concreta huele igual que las flores que son como ella. El aire de familia, pese a todo, hace su tarea. Si la fábrica la cierran los trabajadores en una huelga, es de izquierdas. Si la cierra el empresario en un paro patronal para forzar a los trabajadores, es de derechas. No parece muy sensato que hayan empeorado las condiciones laborales y no tengamos teoría para explicarlo ni nombre para nombrarlo. Sigue siendo cierta esa pintada en un muro en Buenos Aires: "No sabía que era imposible, fue y lo hizo". Pasa lo contrario con el capitalismo. La gran mayoría de los teóricos que lo analizan llegan a la conclusión de que explota, empobrece, destruye la naturaleza, esclaviza a las mujeres, limita las libertades democráticas y enferma mentalmente. Pero se concluye que lo hace en menor proporción que otros modos de producción alternativos, de manera que la conclusión absurda es que están en contra del capitalismo en la teoría, pero no queda otra que sobrevivirlo en la práctica. O acudir al socorrido Churchill para justificar el vaciamiento de la democracia. Con la caída de la URSS desaparecieron los nombres de las alternativas. Y sin nombres, es difícil ponerse en marcha.

Amenazar con el colapso que viene solo sirve para paralizar a la gente con un discurso apocalíptico. El anuncio de desastres sin solución política es una forma inadvertida de conservadurismo. La fuerza del capitalismo asombró incluso a Marx. No se deja ver, pero su metabolismo es subversivo: el capitalismo no funciona si no es "revolucionando permanentemente los instrumentos y medios de producción, que es como decir, todo el sistema de la producción y con él todo el régimen social". El capitalismo funciona a golpe de crisis y las crisis son contrarias a la democracia. Apenas nos entrega paréntesis de bienestar. Hemos vivido en un paréntesis que se está abriendo hacia el abismo. No tiene sentido que nos indignemos con el auge de la extrema derecha si no vemos que es la continuación necesaria de aquel recorte en el Estado social, de aquel programa televisivo en donde se humillaba a gente, de aquella bajada de impuestos en nombre de la maldad de lo público.

La palabra *siniestra* viene del latín *sinester*, que quiere decir "izquierda". La diestra y la siniestra. La palabra nació torcida, pues la mano más usada, la más potente, la menos privativa, siempre ha sido la derecha. De hecho, la palabra *izquierda* viene, al parecer, del euskera, y significa "mano torcida" (tesis que no es absurda si se compara con la palabra *Linke* en alemán, con una raíz similar vinculada también a la idea de "mano torpe"). La diestra era la correcta, la siniestra la equivocada. Desde el lugar espacial de la mano se construyó el resto. Es la *destreza* que tienen los que ponen los nombres. La palabra terminó de construir su sentido en la época medieval, asociado a los auspicios de las aves. La izquierda empezó a entenderse como lo funesto, lo adverso, lo que traía malos augurios.

Con el tiempo, la derecha, cuenta Santiago Alba en *¿Podemos seguir siendo de izquierdas?*, representa "el bien, la moral, el poder, la fuerza, la masculinidad, la riqueza, la sabiduría, la fortuna, la destreza, la luz y la vida", mientras que la hermana menor, la izquierda, "se identifica con el mal, la injusticia, la debilidad, la feminidad, la pobreza, la torpeza, la oscuridad y la muerte". Desafiar el poder era, necesariamente, colocarse enfrente de aquellos a los que se desafiaba. La confrontación política entre derecha e izquierda, como es bien sabido, nace de la discusión en los comienzos de la Revolución francesa, especialmente del momento en donde había que decidir si el rey mantenía algunas prerrogativas de veto durante el verano de 1789. Esa división espacial se consolidaría después en la Asamblea Nacional. Los grupos favorables a que el rey siguiera siendo la piedra angular del sistema –nobles, clérigos reaccionarios, comerciantes, abogados de la aristocracia y de la alta burguesía– se situaron, de la misma manera que el buen ladrón estaba a la diestra del Padre, a la derecha del rey. Serían los futuros girondinos. Enfrente, a la izquierda, los jacobinos, que veían en Luis XVI algo no muy diferente de Luis XIV y querían extender la revolución. Eran los futuros jacobinos o la Montaña. En medio, en el centro, se colocaron los indecisos, llamados la "llanura". Tenía sentido que los que compartían ideas estuvieran cerca unos de otros para intercambiar argumentos y discutir su voto. Y tenía sentido que los que estaban cuestionando la monarquía –en nombre de la república–, la Iglesia –en nombre de la razón–, y el ejército aristocrático –en nombre del "pueblo en armas"–se situaran enfrente de donde estaban aquellos a los que querían mandar al basurero de la historia. Lo que en aquel entonces fueron girondinos, jacobinos y la llanura se convirtieron en izquierdas y derechas (el tiempo del centro aún no había llegado). Y lo que en aquel entonces fue una ventaja –representar físicamente la oposición al Antiguo Régimen– vino con el precio de cargar con la connotación semántica negativa que tenía lo siniestro frente a lo diestro.

La derecha nace del lado del orden, de lo moral, de la ley y las costumbres. La izquierda, de la desobediencia. Por eso la idea de progreso es consustancial a la izquierda. Porque apostar por la izquierda implica asumir que se van logrando avances y que son las luchas las que los logran. La discusión en la Asamblea francesa establecía un criterio de la "izquierda" válido para el futuro: abrir siempre vetas en lo existente hacia caminos más emancipadores. Por eso su función crítica. La izquierda es Heráclito, es movimiento continuo que entiende la política como conflicto y, por tanto, permanentemente en peligro. A la derecha le gustan los dioses que han estado ahí desde siempre, justificando el orden inmutable de las cosas.

Esta simplificación entre derechas e izquierdas seguramente es el brochazo más burdo en la historia de las ideologías. Pero quizá por eso es también el más eficaz. El mundo occidental está marcado en su lenguaje por pares dicotómicos, con la clara influencia del marco platónico que diferenció todo lo existente entre el campo de la opinión (la *doxa*) y el campo de la verdad. Este planteamiento de Platón en el mito de la caverna lo retomaría la patrística católica, especialmente San Agustín, que sentaría las bases para pensar el mundo según términos opuestos, enfrentados, donde uno siempre era positivo y el otro negativo (la ciudad de Dios y la ciudad del pecado). Como defiende Boaventura de Sousa Santos, con apenas cinco grandes pares, el mundo occidental, eurocéntrico, patriarcal, lineal y productivista consiguió eso que Marx expresó diciendo que "los valores dominantes son los valores de las clases dominantes": Oriente contra Occidente, los salvajes contra los civilizados, la naturaleza contra la cultura (que dejó a las mujeres del lado de la naturaleza), lo arcaico contra lo moderno y lo local contra lo global. Esta manera de pensar condenaba a pensar la derecha y la izquierda sin grandes matices. Y dificultó que la izquierda pudiera sacarse a sí misma del pantano en el que se hundía tirándose de los pelos.

Estos recordatorios no quitan para que esa diferenciación tenga visos de realidad, lo que a su vez explica que sigan teniendo validez en el debate popular (aunque en el debate académico apenas puedan entenderse como conceptos que clarifiquen nada). En España, los tres grandes partidos que han usado con éxito el lema de que no eran ni de derechas ni de izquierdas han sido invariablemente ubicados sin matices bien en la izquierda, bien en la derecha. Para los españoles, Falange Española era un partido de derechas hermanado al partido nazi alemán o al fascista italiano, de la misma manera que Podemos siempre ha sido visto como un partido de izquierdas e, incluso, de izquierda radical. Ciudadanos siempre se ha visto por la ciudadanía como un partido mucho más a la derecha de lo que pretendían sus líderes, algo que se ha agravado con el discurso patriotero contra Catalunya, sus afirmaciones contra el aborto y sus posiciones contra los inmigrantes. Decíamos, sin embargo, que en la lectura intuitiva de la ciudadanía –votantes, periodistas, estudiantes– la diferenciación izquierda-derecha sigue teniendo validez: interés general frente a interés particular; hacer el bien a los demás frente hacer el bien para uno mismo; proponer cambios en nombre del interés de las mayorías frente a la defensa del *statu quo*, es decir, el privilegio de los que gozan de alguna ventaja. Es un orientarse mirando a las estrellas en el navegar político. Pero en una noche nublada.

Se puede entender qué se quiere decir –ese aire de familia–, pero es complicado ir a buscar la izquierda en el pasado, como se ha hecho con Espartaco, Thomas Müntzer o, desde el lado conservador, con la lucha burguesa cuando reclamaba la creación de mercados libres. Seguramente tiene razón Reinhart Koselleck cuando dice que, entre 1750 y 1850, hubo un "encabalgamiento del tiempo" (*Sattelzeit*), esto es, una gran mutación, un cambio de época que dificulta profundamente utilizar las mismas palabras antes y después de esa era, pretendiendo que significan lo mismo (Estado, sociedad, familia, democracia, ciudadano, etc.). Notemos que algo parecido está pasando con la relevancia que el papel de las mujeres está adquiriendo en la actualidad, algo hará incomprensibles los tiempos anteriores, aunque las palabras permanezcan.

En una dirección contraria, pensadores conservadores como Giovanni Sartori van a plantear que la izquierda, con el tiempo, se habría convertido en lo contrario de lo que defendía: "En el corporativismo sindical (injusto y fosilizador), en la burocratización parasitaria, en el trabajador inamovible aunque no trabaje en absoluto y, en último término, en un Estado en bancarrota que ya no es más social, puesto que ya no está en condiciones de pagar los costes de los derechos materiales". No deja de ser fascinante la capacidad de la derecha de poner palos en las ruedas a la gestión de la izquierda para luego recordarle: ya te estaba diciendo que ibas por mal camino. La Unión Soviética nació con una coalición en contra de países poderosos intentando tumbar el nuevo régimen y fomentando una guerra civil inclemente. Hay que ser como Neo al final de la primera entrega de *Matrix*. Salir de la matriz y verla desde fuera. Hay que salirse de las trampas de los que ofrecen falsas opciones. El relato de las dos Españas condenadas a enfrentarse solo ha servido para que no nos demos cuenta de que una España minoritaria, monárquica, militarista, eclesiástica y bancaria ha hecho retroceder el país cada vez que estaba en las puertas de la modernidad. Es falso que caigamos en una lucha agónica cada vez que nos ofrecen ser de A o de B. Siempre hay más opciones.

Capítulo 3

Una izquierda sin pistas (despistada): partir de la derrota

Y porque sufro hoy me pongo al lado del oprimido y amordazado que se echa a andar, porque él ha hecho que el mundo gire y hay que cantarle pa que no olvide su malestar.

Joan Baptista Humet, *Que no soy yo*

Explótame, pero, por favor, a mayor velocidad de ancho de banda.

Evgeni Morozov

La izquierda en la sociedad de servicios

Las nuevas generaciones han escuchado, por encima de cualquier otro, un mensaje: tu lugar en el mundo lo decide tu capacidad de consumo. El pasado siempre es un lugar remoto. La sociedad de clases medias que se consolida en el siglo XX es una construcción con varios padrinos y madrinas: la derrota de la derecha en la Segunda Guerra Mundial, la introducción de los estados sociales, la fuerza en el ánimo colectivo de la Declaración Universal de los Derechos Humanos, las luchas obreras y la necesidad del capital de frenar las aspiraciones bolcheviques de los sectores populares. En América Latina, las sociedades de clases medias se construyeron con la inserción económica internacional, con el desempeño de las elites criollas junto con la migración europea y sobre las espaldas de indios, negros y mestizos. En todo el mundo, la idea de clase media fue un guiño de los más acomodados para incorporar a su bloque de poder a los sectores más alejados de la ira popular.

Hoy, en cambio, las aspiraciones de las mayorías occidentales después de la crisis neoliberal están marcadas por la lectura del mundo de las clases medias. De hecho, buena parte de los trabajadores proletarizados se sienten clase media y su reclamación es no quedarse fuera de su inclusión en el consumo. La diferencia está en que la aspiración laboral generaba solidaridad de clase en la fábrica, el partido, la huelga, la taberna, la iglesia y la calle, mientras la aspiración consumista, que se materializa en los mercados, ve en los demás competidores.

En las sociedades occidentales desarrolladas, la fábrica está pasando a mejor vida, la agricultura es decreciente en trabajo (está ocupando su lugar el gran *agrobussines*) y el futuro económico pasa por incrementar el sector servicios con dos grandes grupos allí donde no pueda robotizarse la producción: uno tecnologizado y vinculado a las realidades de la sociedad de la información, y otro asociado a los cuidados y a la atención recreativa.

Tiene razón Santos: no es igual pensar dentro de la línea abismal –la que separa al Norte simbólico del Sur en desarrollo– o detrás de ella. En las sociedades occidentales, los conflictos se han venido solventando con regulación. En las sociedades "abismales", con violencia. Eso no significa que no haya violencia de género, clase y raza en el Norte. En Estados Unidos, los negros son el 13 por ciento de la población, pero el 40 por ciento de las celdas las ocupan presos negros. Sin embargo, los conflictos raciales, de género, laborales al otro lado de la línea abismal tienen una carga de violencia que no es común al norte de la línea. La correlación de fuerzas está descompensada. Si hay un terremoto en Indonesia, los nacionales de los países ricos acuden a su consulado. Los ciudadanos de los países pobres, en realidad, no tienen ciudadanía y cuando llegan a Europa en pateras se los designa con una categoría geográfica ("subsaharianos"). Hablamos de la derecha y de la izquierda, pero ese aire de familia varía con la geografía. Varía tanto que es muy difícil reconstruir las internacionales que agruparon a la izquierda durante el siglo XX. Y hace falta.

Qué le ha pasado a la izquierda en este tránsito es clarificador. Se habla poco del paso de una sociedad donde el sector económico más relevante era la industria a otra donde el papel creciente lo tiene el llamado "tercer sector". Vivimos en una sociedad donde el peso económico de los servicios indudablemente ha crecido y, sobre todo, marca los deseos aspiracionales del conjunto. El capitalismo nos ha convertido en "usuarios" y nuestro comportamiento se basa en los consumos diarios que hacemos como tales "usuarios". Dado que esas transacciones están mediadas por el dinero, nuestra relación con los trabajadores de los servicios se basa en la exigencia, no en el intercambio. Lo que recibimos oculta al que lo produce.

El fetichismo de los servicios vuelve invisible cualquier explotación. Por eso puedes ser empleado en una tienda de ropa, donde eres maltratado durante ocho horas por los "usuarios", igual que por el jefe o la jefa, y luego tener tus minutos "de gloria" maltratando a un conductor de Uber en los quince minutos de un trayecto. Y puedes pensar que te compensa. Porque lo que te pasa a ti lo ves irremediable, pasajero, fruto de la mala suerte, mientras que lo que haces fuera de tu relación laboral crees que es una capacidad ligada a tu libertad. Te explotan mientras la suerte llega, pero maltratas porque tienes aspiraciones de clase media y subiendo. Igual que creemos que los "me gusta" o la capacidad de escribirnos, mandarnos fotos y música o informarnos compensa el uso de nuestros datos que hacen las empresas, aunque nos roben intimidad y nos hagan vulnerables a sus ofertas y clasificaciones.

Al estar esta explotación ligada a la cotidianidad y al tener lugar en ella nuestro desarrollo como personas ("tanto consumo, tanto valgo"), nos convertimos todos en una suerte de capataces. Nos interesa solo el servicio que nos prestan en un bar, una tienda de ropa, una Administración municipal, una clase de instituto o universidad, una panadería, un centro comercial, un departamento telefónico de posventa, un ministerio o un cine. Nunca gritaremos a ningún presidente del IBEX 35, pero es bastante probable que algún trabajador o trabajadora de Telefónica, Iberdrola, Gas Natural, BBVA o de cualquier empresa de *telemarketing* reciba nuestras airadas quejas al otro lado del teléfono. Y deberán, pese a todo, leernos la publicidad de la empresa o invitarnos a rellenar una encuesta de satisfacción que procesará un algoritmo y podrá justificar su despido. El *Black Mirror* de la realidad a menudo es más implacable que el de la ficción.

Las huelgas en el sector industrial afectan de manera indirecta a la ciudadanía, mientras que las huelgas del sector servicios afectan a los "usuarios" (palabra siempre en boca de los partidos de la derecha). Son los propios "usuarios" quienes se convierten en una suerte de policía antidisturbios simbólica que se queja de cómo esos trabajadores le dificultan su proyecto de vida en términos de consumo. Desde esta lógica, son altas las probabilidades de que una huelga que dificulta, por ejemplo, llegar a la hora al trabajo, genere más empatía hacia el patrón que hacia los trabajadores en huelga. Al final, un usuario de una compañía de transportes que no paga impuestos en España, que explota a los choferes, que rompe servicios públicos regulados como el taxi, que privatiza un bien común como es el transporte, tiene sus principales aliados en esa gente que se ve como "usuaria", como consumidora de esos servicios y a la que no le interesa la suerte laboral de esa otra gente encadenada al volante. Gente que ignora que necesitará que las trabajadoras y trabajadores de esas compañías los acompañen cuando les toque a ellos quejarse de sus condiciones laborales. Gente que dice que tiene "derecho" a que ninguna huelga les afecte porque viven en una burbuja que les impide entender que pueden ser al tiempo víctimas y verdugos. Una burbuja que oculta el Sol y pone sombras al entendimiento de que, convertidos en meros clientes, olvidaremos nuestra condición de ciudadanos y de trabajadores. Opera, con el deseo convertido en una fuerza motora, la trampa de la mercancía que Marx denunció como fetichismo y actualizó Terry Eagleton cuando afirmó: "Nada es más generosamente inclusivo que la mercancía, que, con su desdén por las distinciones de rango, clase, raza y género, no desprecia a nadie siempre que tenga con qué comprarla".

¡Dios mío, llévame pronto! o de las dificultades de ser de izquierdas en el siglo XXI

La derecha tiene su utopía. La izquierda perdió la suya. Eso es devastador. La utopía de la derecha está en consonancia con el paso de una sociedad reflejada en el trabajo a una sociedad reflejada en el consumo. El mercado, a través de la publicidad, construye deseos a partir de los caprichos o genera miedos o carencias de la nada. Esos deseos o caprichos se convierten, a través de la publicidad y el mercado, en una necesidad. La derecha ha conectado con esa aspiración consumista de las mayorías, esa necesidad de necesitar cosas, y por eso les promete convertir cualquier sueño en un derecho siempre y cuando se mercantilice. Por ejemplo, el derecho a ser padres –con los vientres de alquiler–, el derecho a tener sexo –obligando a las mujeres a tener relaciones con hombres que no satisfacen sus deseos fuera de la relación mercantil– o el derecho a consumir donde, cuando, cuanto y como se quiera –obligando a realizar prospecciones petroleras en Alaska o en Canarias, agotando los recursos, privatizando bienes públicos, dejando una huella ecológica descomunal, explotando a gente–. En el sueño neoliberal, tenemos derecho, como nuevos reyes absolutos, a todo, siempre y cuando lo desregulemos, lo convirtamos en una mercancía y poseamos dinero suficiente para pagarlo.

En la lucha histórica de la izquierda se combatía contra un enemigo menor en número: los propietarios, los rentistas, sus guardaespaldas. Hoy las luchas emancipadoras son contra nosotros mismos, porque al beneficiarnos en algún momento del día de la explotación de alguien –sea una reponedora precaria, un niño que hace ropa en Bangladesh (un país al que le robamos el petróleo), un chofer sin derechos, una camarera sin contrato, un trabajador sin convenio colectivo–, si esas personas recuperan sus derechos, nos quitamos algún privilegio. No vemos la trama que lleva de la explotación de los demás a la nuestra propia. Tenemos que concluir que hoy es más difícil ser de izquierdas. Aunque ¿no se decía también que la lucha de las mujeres era imposible porque era contra padres, hijos y hermanos? Y, pese a todo, se está dando. Asumamos, cuando menos, que nos movemos con no pocas contradicciones.

¿Se ha separado la izquierda de los sectores populares? ¿Está la gente de izquierda en lucha con otras gentes de la izquierda? Cuando tienes lo básico resuelto –o te representas en tu imaginación el camino para su obtención–, ¿qué es lo que viene? ¿Cuál es la siguiente pantalla? Es indudable que las televisiones con sus miles de concursos de lucha por la vida y el fútbol han captado esos imaginarios y han hecho a la gente perezosa y, sobre todo, entretenida (algo que vale también para las series, aunque se trate de un consumo más sofisticado). La derecha no es más tolerante con otras gentes de derecha, sino que en su relación con ellas hay menos fricciones, bien porque su comportamiento se amolda a las reglas de juego asumidas, bien porque les resulta indiferente algo que no les afecta en su manera de vivir. La gente de derechas tolera a otras gentes de derechas por que se ven reforzadas en su comportamiento –tienen los mismos enemigos–, y el marco en el que compiten entre sí, el del mercado, tiene unas reglas claras que asumen. Hay un valor de fondo en la derecha: si has fracasado, eres culpable (siempre la derecha va a ser más amable con la víctima de un terremoto que con un "perdedor"). Desde la izquierda, comportarse así es más complicado. Establecer la causalidad entre un comportamiento y el daño que puede producir a medio plazo requiere un esfuerzo que no es fácil hacer. Por eso no siempre funcionan las campañas de consumidores cuando cuestan dinero a los usuarios. Y por eso solo funciona una huelga cuando hay mucha conciencia de su necesidad, pues es al trabajador o trabajadora a quien le descuentan el día o los días de sueldo. A diferencia de la gente de derechas, la gente de izquierdas quiere cambiar su *statu quo* y el de la sociedad. La izquierda siempre está diciendo que quiere cambiar lo que hay y eso genera miedo y aversión a los satisfechos y a los generosos.

En ese contexto, los detalles nimios nos salvan porque son la señal de que las cosas pueden ser de otra manera. No hay que despreciarlos. La izquierda ha maltratado lo que no era absoluto. Es muy típico de los intelectuales. "Consejos vendo que para mí no tengo".

En este viaje, hemos tirado mil veces al niño con el agua sucia porque hemos comprado las explicaciones de los medios. Cuando mi generación abandonaba la religión católica, resulta que, sin darnos cuenta, nos quedábamos de paso sin espiritualidad porque todo ese ámbito lo habíamos depositado, por formación, en la Iglesia. Si la izquierda deja de expresar algo comprensible, algo que se puede tocar con los dedos, ¿hay que abandonar la emancipación? Nos decía Jesús Ibáñez en sus clases de Sociología: "Estamos en una época donde más importante que solucionar problemas es problematizar soluciones".

Partir de la derrota

"No pasarán" es un lema hermoso, lleno de dignidad, de coraje, de fraternidad. Pero pasaron.

En la idea de derrota del espacio de la "izquierda" hay que considerar al menos cuatro grandes elementos: el vaciamiento de la conciencia obrera, junto con la sumisión moral de las organizaciones sindicales; las insuficiencias teóricas del campo crítico; las debilidades de la gestión socialista y comunista; y la derrota social de los valores propios de la emancipación. Los instrumentos teóricos de la izquierda fueron demostrando su debilidad conforme avanzaba el siglo. Ideas como el partido único, la estatalización de los medios de producción, la concepción del proletariado como único sujeto revolucionario, el desprecio del mérito o el intercambio entre justicia y libertad fueron quedando como reliquias poco atractivas para amplios sectores de la ciudadanía. De la misma manera, los valores de lo "común" fueron viéndose sustituidos por la mayor seducción de lo "particular". Partir de la derrota permite salir del resistencialismo y caminar más allá de la petición impotente de regresar al mundo perdido de la segunda parte del siglo XX.

La derecha no negó la crisis de los años setenta que había prescrito la izquierda. Allí donde el pensamiento crítico veía una crisis de legitimidad que acabaría con el capitalismo, el neoliberalismo vio la ocasión de aprovechar la confusión para regresar al mercado. Diagnosticó la crisis de manera diferente –la culpa la tenía el "exceso de democracia"–, empezó a controlar los centros de pensamiento y recetó soluciones que pasaban por ir desmantelando el gran logro que permitió la derrota de la derecha en la Segunda Guerra Mundial: el Estado social. Desde los años setenta, el neoliberalismo hizo el diagnóstico de la imposibilidad de universalización del modelo keynesiano y, al tiempo, ofertó su terapia: la reducción del gasto social, la apertura de fronteras al capital y las mercancías, la desregulación laboral y financiera, la primacía de las magnitudes monetarias, junto a todo un conjunto de variables antropológicas, políticas, biológicas, jurídicas o filosóficas articuladas en tres ideas: los mercados no son naturales y necesitan el apoyo estatal; la superioridad moral de lo privado sobre lo público (y, por tanto, la aceptación moral de las desigualdades); y la primacía dada a los derechos civiles sobre los políticos y sociales. Estos principios básicos del neoliberalismo tenían como objetivo central conseguir la derrota de la clase obrera, que era la de quienes impedían "el reino de la libertad". Pero cuidado: una derrota sin su desaparición. Decía Lukács que la realización de la clase obrera era su desaparición como clase en una sociedad sin clases, mientras que para el liberalismo, el objetivo era que desapareciera la conciencia obrera en una sociedad de clases. De lo contrario, ¿quién iba a trabajar para los pudientes?

Igual que una sociedad sin escasez no necesita la economía, una sociedad sin conflicto no necesitaría la política. Por eso el conflicto es la esencia de lo político. Hablamos de "postpolítica" porque el conflicto ha venido dejando paso a un relato donde todo es supuestamente reducible al consenso. El que la política sea prescindible tiene que ver, exactamente, con su sustitución por un discurso técnico, trasunto de la construcción del modelo político sobre la base de los paradigmas de la economía neoclásica y el desprecio a las realidades concretas. Reducido el contexto social e histórico a algo irrelevante, desaparece la posibilidad de encontrar matizaciones o inventar alternativas y el neoliberalismo se convierte en una ideología radicalmente exitosa. De ahí que ya no se debata entre opciones que encierran modelos diferentes, sino entre ajustes que van a alcanzar mejor los expertos que los ciudadanos. La caída de la URSS postuló el fin de las ideologías y zanjó la alternativa *derecha-izquierda* porque la izquierda se encerró en su propia cárcel y le entregó las llaves al carcelero desde dentro. Un camino no desaconsejable para caminar hacia la izquierda es no querer asumir los principios, valores y reglas que operan en la derecha.

El debate ideológico sería sustituido por las reglas "técnicas" marcadas por la Unión Europea, la OMC, el FMI o el Banco Mundial, que alimentaban a su vez la despolitización. A esas "cajas negras" de las instancias internacionales se han sumado todas las herramientas del *big data* que se están convirtiendo en leyes opacas que definen la suerte de millones de personas sin posibilidad alguna de transparencia. Es lo que pasa cuando "alguien" a quien le pagan por ello construye algoritmos secretos que otorgan una beca, expulsan de un trabajo, castigan a una universidad o a una formación política, encarcelan, detienen o cachean, niegan un crédito, difaman, no alquilan una casa, no hacen un seguro, ordenan los tiempos laborales, hacen la programación televisiva, incorporan a listas de morosos, promocionan o hunden. El mundo de las instancias internacionales, el colegio secreto de los técnicos, el peso creciente del *deep state*, junto a la capacidad de procesar *petabytes* que brindan las nuevas tecnologías construyen, en tiempos del *big data*, esas "armas de destrucción matemática" que gozan, además, de la mortífera capacidad de fuego de la impunidad.

El concepto "gobernanza", que postula que gobiernos, empresarios, sindicatos, ONG, bancos internacionales y lobistas ya pueden resolver conjuntamente cualquier problema, resume esta simplificación democrática. Desaparecidos los conflictos sociales, especialmente entre el capital y el trabajo, los desacuerdos son meramente una cuestión de expertos. Y esto conduce a su vez a asumir que la democracia mejora cuando los técnicos son los que toman decisiones. Un nuevo marco teórico denuncia el riesgo en el que se encuentra la democracia por culpa de los "advenedizos", al tiempo que se recupera el discurso del "exceso de democracia" de los años setenta. El regreso del golpismo a América Latina, bien en forma de "golpes blandos" –Brasil, Venezuela, Ecuador, Bolivia, Paraguay, Argentina– o con violencia –Honduras–, tenía este marco teórico como puerta de entrada.

El principal logro popular en Europa después de la Segunda Guerra Mundial, el Estado social, está siendo desmantelado con argumentos supuestamente técnicos y, por tanto, irrebatibles. Según ese programa político, el mantenimiento del sistema de pensiones es insostenible y reclama planes privados; la educación pública, además de un dispendio, es de mala calidad y quita libertad a las familias; la sanidad universal no solamente es un gasto absurdo y anquilosado, sino que construye una burocracia enemiga de la libertad y la eficiencia; y los que protestan por los recortes son señalados como terroristas, fanáticos y enemigos de la democracia. ¿Quién argumenta esa imposibilidad? El nuevo sentido común sostenido por un cuerpo de técnicos insertos en los aparatos del Estado (principalmente abogados y economistas), amparados ahora por algoritmos impenetrables que, con un lenguaje propio, definen los contornos del mundo necesario. Se trata del "Estado gerencial" que arranca de los años noventa e inyecta la lógica de la empresa y el cliente en las instituciones en sustitución de la idea de ciudadanía.

La derecha ha sabido usar la crisis mejor que la izquierda. La caída de Lehman Brothers terminó abriendo paso a más recetas neoliberales, aplicadas por una derecha envalentonada. Con dinero público se rescataron a los bancos y los banqueros lo celebraron dándose un banquete material y simbólico. En *El rey León*, los animales van a rendirle pleitesía al rey de la selva. Que se los come. En una pelea contra un rinoceronte, el león sabe que va a encontrar resistencia. Se lo piensa dos veces y valora cuánta hambre tiene. Pero a la cebra se la come.

La izquierda contra la hegemonía del miedo

En tiempos de autoexplotación, el sueño neoliberal es que todos seamos autónomos, verdaderos autónomos o falsos autónomos. Siendo así, ¿quién va a enfadarse con los explotadores? No tener trabajo es peor que estar explotado, de manera que cualquier causa que explique la falta de trabajo –los gobiernos, los sindicatos, los que quieren regular el mercado, los que quieren que las empresas paguen impuestos– va a estar más demonizada que las personas que pugnan por volver a jornadas de diez horas a cambio de sueldos que no alcanzan ni para pagar el alquiler. Si cada vez más gente no es rentable ni como productora ni como consumidora, solo queda morirse en el anonimato o inventar una realidad virtual. Creemos que podemos escoger todo, pero la realidad es que nos falta el dinero para hacerlo. La aspiración al éxito nos aleja de cualquier reflexión de clase y la cambiamos por "estilos de vida" (los empresarios son, nos recuerda Daniel Bernabé en *La trampa de la diversidad*, "emprendedores", cuya intención no es vender nada, sino "ofrecernos un servicio"). Basta que alguien de nuestra comunidad de golpeados entre en las filas de las elites para que nos contentemos. No se volverán a acordar de nosotros, pero les daremos un "me gusta" en las redes. Lo que se ha alejado de nuestra realidad material lo encontramos en el placebo de las redes (que hacen las veces de las revistas del corazón con las mansiones fotografiadas de los ricos). Las redes no trabajan con nosotros gratis. Usan nuestros datos y los venden a muy buen precio. A cambio, nos regalan creernos que somos parte de esa comunidad en Twitter, Facebook, YouTube o Instagram. Como el pan cada vez es más escaso y el circo es cada vez más malo, tenemos que comer identidad. Las mujeres de #metoo fueron acosadas y violadas, no lo olvidemos, por ser trabajadoras además de mujeres. Todo lo que tenía que ver con cuestiones laborales quedó oculto por el brillo de los focos de Hollywood. Como si en la "meca del cine" nadie trabajara.

Podemos afirmar, de nuevo con Boaventura de Sousa Santos, que la ciudadanía vino marcada en el siglo XIX por el derecho al trabajo; luego, en el XX, por el derecho al consumo; y finalmente, en el paso del siglo XX al siglo XXI, por el "deseo de consumo". Las dificultades de luchar contra un deseo explican parte de las dificultades de la teoría y la práctica alternativas para armar una disyuntiva atractiva que permita sustituir la oferta neoliberal de un consumo infinito.

La pérdida de los marcadores de certeza hace referencia a la pérdida de capacidad de cohesión de aquellas referencias sociales que acompañaban y guiaban la vida en común durante los siglos XIX y XX. No es que hayan desaparecido, sino que no cumplen la misma función que desempeñaron durante los siglos previos. Se hace cierta la advertencia de Gramsci de que los tiempos de crisis son tiempos donde lo viejo no termina de marcharse y lo nuevo no termina de llegar, espacios ideales para la profusión de situaciones mórbidas. Esto es, allí donde surgen los monstruos. Ayer del fascismo y del estalinismo; hoy del neoliberalismo y del integrismo.

La lista de factores que alimentan el miedo encarnado como incertidumbre es extensa. La *muerte de Dios*, expresada como crecimiento de la secularización y el enfriamiento de los compromisos morales al no tener las leyes ese contenido "divino" que tenía la ley teológica; la *quiebra del mundo del trabajo como otorgador del "lugar en el mundo"*, con el desarrollo tecnológico, la flexibilidad, la deslocalización y la derrota moral de los sindicatos; el fin del *monopolio de la familia tradicional*. Igualmente, la *remercantilización y mercantilización creciente* de espacios sociales que se resistían a caer sujetos de la ley de la oferta y la demanda, tales como la noche, la amistad, la solidaridad, la ecología, la religión, el deporte *amateur*, el saber colectivo; la *precarización laboral*, pues por vez primera en la historia el desarrollo tecnológico destruye empleo de manera neta (añadamos que la participación de los salarios en el PIB desciende desde hace tres décadas, que se ha agravado la brecha entre el Norte y el Sur y entre hombres y mujeres). También *la urbanización* que se puso en marcha desde los años sesenta del siglo pasado y que genera fragmentación pese a la sociedad de la información y sus tecnologías, trasladándonos a "burbujas culturales" desligadas de la realidad física, responsables del incremento del consumo de antidepresivos incluso en lugares de muy alta renta per cápita, como Islandia. El descenso de la participación de los salarios en el PIB se traduce a su vez en un *aumento de las desigualdades*. Estas, además de desestabilizar las sociedades, fomentar las migraciones, aumentar la delincuencia y desperdiciar recursos (los millones de pobres son inteligencias desperdiciadas), han generado una nueva realidad que favorece la incertidumbre: la incorporación de los sectores populares al capitalismo financiero vía *endeudamiento*. El hombre endeudado, según la expresión de Lazaratto, empieza a asumir la condición de "empresario de sí mismo" y, por tanto, incorpora el riesgo de vivir bajo la tensión del fracaso. Sublima la desobediencia convirtiéndola en "responsabilidad" y miedo. Es el paso del "pobre" al "perdedor" (*loser*) como construcción subjetiva de la propia responsabilidad en el descenso en la escala social. Agravan el momento de incertidumbre el *cambio climático*, la *guerra como recurso creciente de solución de problemas* y, como conclusión de todos estos desequilibrios, el necesario aumento de *refugiados* que buscan salir de la muerte segura, bien por cuestiones económicas, bien por cuestiones medioambientales (lo que más migraciones venía generando antes de la guerra de Siria en 2015).

La solución neoliberal a la crisis se pretende solventar con las mismas medicinas que han enfermado al paciente. El recurso a más mercado, a más dinero fiduciario (construido por los bancos, no por el Estado), a más privatizaciones, a más precariedad laboral, que desembocan en la expresión máxima de la competitividad, que es la guerra. La lucha por los recursos energéticos y la consiguiente estrategia geopolítica ha llevado a la desestabilización de Oriente Medio a partir de la invasión de Irak, así como el recrudecimiento de las presiones sobre América Latina. Con este escenario, la izquierda debiera estar bramando de indignación. Pero algo le facilita la tarea a la derecha.

Todos estos elementos tienen un rasgo en común: individualizan, crean inseguridad y generan un clima de miedo que actúa como caldo de cultivo de respuestas autoritarias y securitarias (que absolutizan la seguridad) y que justifican los recortes en el Estado de derecho. Pero es importante entender que estos rasgos de las sociedades neoliberales no forman parte sin más de una voluntad política donde unos actores ejecutan un plan preconcebido. Es cierto que el neoliberalismo se articula como un "enorme experimento" según Paul Mason, pero tiene detrás cuatro elementos estructurales que impiden cualquier suerte de regreso al pasado.

En primer lugar está la *globalización*, como una transterritorialización de los flujos sociales que ya no discurren en el Estado nacional. Lo que antes pasaba dentro de las fronteras de los países se ha desparramado (como en una suerte de péndulo, el nacionalismo es una respuesta a esa amenaza). Incluso cuando una cerveza se consume solamente en una región, su precio está marcado por los precios globales, igual que la ciencia es global y el mundo de las finanzas, al igual que la Coca-Cola, llega a la última aldea de África (aunque no tengan agua).

En segundo lugar, está la *complejidad*, entendida como una mayor diferenciación social. Nos sentimos diferentes y reclamamos que nos traten de manera diferente. El peso de la tradición cada vez es menor, y eso permite, junto con las capacidades tecnológicas que lo facilitan, el crecimiento de la particularidad y la diversidad, la fragmentación y la multiplicación de la identidad. Esto a su vez genera dificultades a los grandes relatos y cuestiona a los grandes "contenedores" (partidos, Iglesias, ideologías, clases, naciones) para ahormar a la ciudadanía de la misma manera que ocurría en los años veinte o treinta. Como decíamos, los príncipes que tienen una zapatilla de cristal tienen más dificultades para convocar a las ciudadanas del reino para que se la prueben, salvo que lo prescriba un algoritmo, lo supervise un policía o los medios de comunicación prometan a los ganadores algún premio que les cambie, supuestamente, la vida. En una sociedad compleja, complejizar la gestión institucional democratiza, mientras que simplificar vacía la democracia. Por ejemplo, ante las demandas de diferentes formas de matrimonio, pueden legalizarse o, por el contrario, obligar a todo el mundo a asumir el matrimonio heterosexual sancionado eclesial o estatalmente.

En tercer lugar, el *desarrollo tecnológico e informacional* quiebra dos claves de nuestros sistemas. Por un lado, el fundamento central del mercado, la escasez, ya que la información, salvo la que gestiona el *big data* orientado a las ventas, no se gasta por ser compartido. La otra clave, la democracia representativa, que se basaba en las dificultades para recabar la opinión popular, se terminan con las redes sociales y la democracia electrónica. Las cadenas de bloques garantizan, igual que en las criptomonedas o en los trámites institucionales, saber a ciencia cierta qué opina la ciudadanía. La discusión en España sobre el referéndum catalán se vuelve una idiotez si se mira desde el prisma tecnológico que hará cotidianas las consultas.

En cuarto y último lugar, está la *caída de la tasa de ganancia* desde los años sesenta, solventada, por primera vez en la historia, no con la puesta en marcha de un nuevo desarrollo tecnológico que arrastre a toda la economía recuperando el empleo, sino por la caída de los salarios de los trabajadores en un contexto de derrota de la clase obrera organizada.

Como se ve, cambios telúricos, estructurales, antropológicos, que no se pueden solventar con viejas lecturas. Marx es esencial porque desveló el funcionamiento del capitalismo, su metabolismo. Marx hizo las preguntas correctas. Es la izquierda la que no entiende que las respuestas deben cambiar.

En conclusión, entendamos que el modelo neoliberal ha utilizado cinco grandes asuntos para conseguir su poder social: el miedo, la indiferencia ante los asuntos colectivos, la fragmentación social, el modelo del *homo oeconomicus* como valor principal y la delegación política. Esto obliga a la izquierda –o a ese espacio ampliado que tiene que ocupar el lugar que antaño ocupó– a (1) oponer al miedo el coraje que da la digna rabia sostenida en la verdad que se defiende y la justicia de lo que se reclama, (2) a oponer a la indiferencia el compromiso al que obliga la vida en común, (3) a oponer a la fragmentación el cemento de los logros colectivos, (4) a oponer a los valores del *homo oeconomicus* los valores de la ciudadanía que ve el árbol y el bosque y (5) a oponer a la delegación política la participación como una obligación social. La izquierda debe protagonizar esos debates, está obligada a construir mediática, intelectual y socialmente las defensas y principios alternativos que contrarresten esa ofensiva de la derecha que lleva medio siglo operando. Y no en vano, todos estos aspectos que contrapesan la hegemonía neoliberal son ángulos de la fraternidad.

Capítulo 4

Las ideologías y sus partidos: de cómo es fácil dudar de que exista la izquierda y el centro, pero nadie duda de que existe la derecha

Usar el orinal cuando no se puede ir al baño

Lo verdadero es un momento de lo falso.
Guy Debord, *La sociedad del espectáculo*

Parece que todas las ideologías están dentro de un viejo baúl apolillado. Los intentos de seguir diferenciando entre derecha e izquierda son viajes que precisan o pocas alforjas o demasiadas. O se entiende sencillo o no se entiende nada. Valen en la discusión de bar, pero no resisten una discusión académica, aunque algunos se esmeren queriendo inventar indicadores que se caen en cuanto los partidos hacen un giro de 180 grados (e incluso cuando el giro es de 360). La cosa se complicó sobremanera cuando los partidos socialdemócratas, que se decían de izquierdas, asumieron hacer políticas tradicionalmente de la derecha. También porque la derecha empezó a decir que eran liberales y porque los comunistas, a su vez, que ellos eran los verdaderos socialistas. Entonces fue cuando los de centro comenzaron a decir que eran de centro-izquierda o de centro-derecha, lo que llevó a que otros dijeran que eran de centro-centro y así en una espiral inagotable. Solo los anarquistas parecen estar en su sitio. Aunque también habría que explicar su querencia por el fraccionalismo.

En uno de los intentos más fructíferos de clarificar ese *continuum*, el filósofo político italiano Norberto Bobbio dijo que la izquierda seguía apuntando más a la igualdad de clase, género y raza, mientras que la derecha parecía más inclinada a la libertad, sobre todo a la libertad negativa. Esto de la libertad negativa al final fue entendido por los liberales como que el Estado no debe interferir en la vida de los que son autosuficientes, que debe regular lo mínimo, que debe dejar a cada cual tomar sus decisiones y, sobre todo, que no tiene que decir cómo debe funcionar el "mercado" laboral. Por supuesto, en esa lectura cobrar impuestos se convierte en la bestia negra de los que solo ven su libertad particular. Sabemos que, en nombre del liberalismo, esa libertad negativa postula que todo el mundo tenga derecho a dormir si quiere debajo de un puente o a tener tres Jaguar en su garaje o dejar las luces encendidas o conducir un 4x4 en la ciudad o en un parque natural. Este argumento tendría algo más de fuerza si no fueran siempre los mismos los que tienen casas con muchas habitaciones, los Jaguar y 4x4 en el garaje, y los mismos a los que les toca sufrir toda suerte de calamidades. Los que piden que el Estado no debe impedir a nadie dormir debajo de un puente nunca duermen debajo de un puente.

Izquierda, derecha y centro son categorías cuya validez está en el límite. Sin embargo, vale la pena darles un pequeño repaso. Ya vimos que puede que no valgan como categorías claras, pero las que las sustituyan, como venimos defendiendo, van a seguir bebiendo de sus fuentes. Para encontrar algo más de luz, conviene aproximarse a la derecha y a la izquierda políticas por lo que hacen y no solo por su discurso. El socialismo ha mantenido una lucha constante contra el liberalismo "práctico" desde sus inicios. Porque el liberalismo nació, conviene reiterarlo, negando a los sectores populares su condición de ciudadanos.

De hecho, la confusión es más reciente y tiene que ver con no diferenciar entre la teoría liberal –llena de promesas atractivas– y la práctica liberal –inclemente ya desde la Revolución francesa con un pueblo al que veía como "chusma"–. Hay que recordar que, en 1790, la Asamblea Nacional estableció que "la feliz regeneración" de las colonias implicaba el mantenimiento de la esclavitud, pues los negros eran parte esencial de la riqueza comercial de Francia. Es lo que después Mariátegui llamaría "falsas repúblicas" latinoamericanas, que nacían dejando fuera de la ciudadanía a las mayorías indígenas y negras. Le correspondería a

Robespierre deshacer más tarde ese entuerto. La libertad, la igualdad y la fraternidad debían ser también para las mujeres, para los pobres, para los negros y los indígenas. Pero su cuello terminaría rodando a un cesto. El liberalismo es una teoría normativa de la sociedad, no una teoría positiva. Nos dice cómo interpretar las cosas desde su prisma, no como son las cosas objetivamente. El liberalismo solo veía ciudadanos en las personas blancas, adultas, acomodadas y heterosexuales. El liberalismo es un filtro que ve el mundo como le interesaba a la burguesía como clase en ascenso. Edmund Burke construyó en 1774, en su *Discurso a los electores de Bristol*, las bases de la democracia parlamentaria, asentada en que el Parlamento representa a la nación. En ese momento, ni las mujeres ni los que carecieran de patrimonio tenían voto. Pero para un liberal era impensable tanto que el Parlamento no fuera la nación como que los que no tenían riqueza ni ciudadanía formaran parte del Parlamento.

Un error de la izquierda igualmente repetido está en no saber diferenciar entre el liberalismo y el neoliberalismo, dejando buena parte de los logros de la lucha contra las monarquías absolutas en la hucha de la derecha. El liberalismo nació comprometido con la limitación de cualquier poder político, pues vio la luz en pugna contra los residuos del feudalismo y la primacía del absolutismo. El neoliberalismo nació, por el contrario, para luchar contra el socialismo. La crisis de 1929 obligó a los liberales a repensarse. De ahí salió una vertiente democrática, el ordoliberalismo –el nombre alemán para entender desde la derecha lo que conocemos como economía social de mercado–. Pero más allá de la teoría, en los desarrollos concretos del neoliberalismo nunca ha dudado en usar con violencia el poder político para construir una "sociedad de mercado", basada en la competencia de todos contra todos. En la bandera donde ondea "Libertad, igualdad y fraternidad" caben todas y todos. En los presupuestos, las leyes, los beneficios y las plazas, esto ya no es tan cierto.

Cuando hablamos de "derechas e izquierdas" hablamos de definiciones construidas al hilo de momentos históricos que hoy se tambalean en un momento de bifurcación histórica. Decir "derecha" o "izquierda" es entonar una melodía reconocible y, al tiempo, una melodía que se marcha y se nos queda en la punta de la lengua. Ya no se sabe con exactitud qué significan derechas e izquierdas, pero decir que están superadas hace que desaparezcan los enemigos y las utopías.

La discusión ideológica se confunde aún más cuando se lee a través de los partidos políticos. Porque los partidos no defienden únicamente a sectores –la derecha a los propietarios, la socialdemocracia a las clases medias, la política indignada a los sectores golpeados y clases medias ilustradas–. La ideología de los partidos solo puede medirse por lo que hacen y a quién benefician. Guiarse por lo que dicen es dejar hablar a un mentiroso. Esto emplaza especialmente al aire de familia de la izquierda. Si la izquierda ha establecido que hay que disputar a la derecha los espacios institucionales, esto implica que hacen falta partidos bien organizados y democráticos, con vacunas que impidan la profesionalización de la política –primarias, limitación de sueldos, limitación de mandatos, revocatorio de cualquier cargo de elección– y que tengan una conexión directa con los movimientos sociales, que a su vez deben de gozar de absoluta autonomía. Las propuestas legislativas de la izquierda deben hacerse en discusión entre los ámbitos de partido, los parlamentarios y los movimientos sociales. Esto implica que la izquierda, para salir del fragmento, pero no perder su multiplicidad, debe tener cuatro ámbitos diferenciados con lógicas propias y las respectivas redes de trabajo conjunto: los movimientos sociales y el mundo de la sociedad civil, los partidos, los grupos parlamentarios y las instancias de representación (alcaldías y municipios, gobernaciones, presidencias, diputaciones, senados).

Sin embargo, aún queda otra pregunta: ¿por qué la gente se adscribe a una u otra ideología? ¿Por qué la gente vota a uno u otro partido? Empezando por lo último, en el voto a un partido intervienen muchas variables, donde la ideología es una de ellas. Importante, pero no la única. Ha sido común votar con inercia al partido que se vota la primera vez que se ejerce ese derecho. Pero eso ha perdido mucha fuerza. Es importante igualmente el voto familiar, las redes de amigos y también las redes clientelares. Hay justificaciones morales en el voto y también cálculos de bienestar material. La derecha y la izquierda, como dos grandes grupos ideológicos, han ayudado a orientar el voto porque implican lecturas del mundo, no coherentes, pero sí aproximadas.

Todo eso está ahora mismo en franca decadencia. Han crecido mucho los sectores sin partido, los indecisos, los votantes flotantes. Hay una contradicción irresoluble entre la voluntad inmediata de cambio que lleva al compromiso concreto y los cambios reales en la sociedad, que suelen ser lentos. Además, como hemos dicho, el crecimiento de la complejidad y de la información hacen prácticamente imposible que un partido pueda representar lo que una persona piensa en todos los ámbitos sobre los que tiene criterio (y nunca hemos tenido tanto criterio sobre tantas cosas como ahora). Aún más cuando sectores importantes de la ciudadanía orientan su voto por un único asunto (por ejemplo, el antiespecismo o la tauromaquia). Eso puede llevar a los partidos de nuevo a la trampa de opinar de pocas cosas, de no querer molestar a muchos votantes, de mantener posiciones ambiguas. Una competición en el "centro", ese lugar donde nadie levanta mucho la voz, no vaya a ser que se los oiga. Es de malos políticos confundir la centralidad con el centro.

Pero eso solo es real en el discurso. En la práctica, cuando gobiernas lo haces para unos o para otros. Cuando gobiernas tienes que decidir si apuestas o criticas la deuda pública, si subes impuestos a las grandes fortunas o aumentas el IVA a los productos básicos, si haces aflorar la economía sumergida o apruebas amnistías fiscales, si gravas las grandes superficies comerciales y los pisos vacíos, si reduces el gasto militar y sancionas el fraude fiscal, si nacionalizas los bienes públicos, eres republicano o monárquico o asumes el discurso de la imposibilidad de cambiar las cosas.

En las orientaciones ideológicas intervienen igualmente diferentes variables. Decía Leonardo da Vinci que no creía en la astrología porque sobre un campo de batalla ese día habían muerto personas de todos los signos del zodiaco. En las sociedades avanzadas –*civilizadas*, diría Norbert Elias– todos son un poco más de *izquierdas* que en sociedades donde prima la lucha de todos contra todos. Si existe seguridad social universal, esa sociedad ha asumido ser solidaria con el conjunto de la gente con la que convive, de manera que las constituciones, las leyes, los valores que asume una sociedad influyen profundamente en nuestra lectura del mundo. Es igualmente indudable que nuestras propias inclinaciones tienen su peso y vienen marcadas por esa mezcla difícilmente separable de sesgo biológico y educación familiar. Ni todos los niños son iguales en una familia ni lo son todos los adultos de la misma. La formación, la socialización, las experiencias, lecturas, películas, amistades, estudios, al lado de los miedos, las angustias, las esperanzas, la vitalidad, la espiritualidad, el optimismo o el pesimismo, la melancolía o la confianza nos inclinan, a cada cual de manera diferente, hacia posiciones más egoístas o hacia posiciones más solidarias. Cada uno es feliz o infeliz como puede.

La estructura social de cada país tiene un peso descomunal, porque traslada comportamientos a través de las generaciones. Las instituciones son herramientas esenciales de socialización, que, insistimos, se cruzan con las personas. Ser español, argentino, marroquí, canadiense, cubano o ruso no es determinante, pero marca un sesgo, de la misma manera que no es lo mismo vivir en un pequeño pueblo del norte de España o en una gran urbe latinoamericana o africana. Los sesgos no se cumplen mecánicamente, pero ahí están. Si Venezuela hubiera tenido minas, habría sido un virreinato durante la colonia, en vez de una mera capitanía general. Esa ausencia de estructuras administrativas fue acompañada por un Estado débil que se articuló en el siglo XX cuando ya habían descubierto yacimientos de petróleo. En Venezuela el Estado no funciona y tienen profundas dificultades para articular una esfera pública virtuosa y eficiente. Fue un ministro de Planificación el que, cuando el "caracazo" en 1989, afirmó: "Según va viniendo, vamos viendo". La picaresca, ese invento hispánico frente a un Estado que pedía mucho y daba poco, ha marcado una gran impronta en el continente latinoamericano. Y su peso todavía oprime la conciencia de los vivos en España.

En definitiva, nuestros valores, que vienen marcados por ese cruce indescifrable de biología y cultura, construyen las ideologías, y las ideologías nos ubican en un lado o en otro en esos aires de familia de la derecha y la izquierda.

Pescar en río revuelto: la derecha que escucha rap y encarcela raperos

> *Aullar con los lobos para que no te devoren.*
> Dicho popular

Quienes habitan en la derecha suelen obtener algún tipo de beneficio, material, intelectual o simbólico de su posición política. Suelen ser obedientes con el poder existente. Tienen miedo al cambio y el miedo vence a su esperanza. La empatía no es su fuerte. Por eso son oportunistas y aprovechados. Defienden sus ideas aun a sabiendas de que encierran un poso de egoísmo (encajan muy bien una lectura del ser humano como ángel caído que desobedeció a Dios y está bajo sospecha). La cuestión es obtener alguna ventaja. En términos electorales, no hay derecha sin redes clientelares. Procesan las contradicciones buscando alguna justificación que explique lo que hacen. Por eso necesitan, siempre, chivos expiatorios. Sus inconsecuencias –por ejemplo, ser cristianos y generar diariamente tanto odio; sentirse muy patriotas, pero hacer de la corrupción un lugar cotidiano– las solventan con actos que generen consternación y que aceptan solamente como una forma vicaria para que no les pase a ellos. Mejor siempre que sean otros los que ardan en la hoguera. La gente de derechas es muy de buscar excusas. La frase de Bart Simpson "¡Yo no he sido! ¡Nadie me ha visto! ¡Nadie puede demostrarlo!" es de derechas.

Históricamente, la derecha va sumando justificaciones al mantenimiento de algún privilegio presente o futuro. Las personas de derechas respetan a quien tiene poder, sea un banquero, un obispo o un cacique local. Primero argumentaban que lo mandaba Dios. Luego, que esos privilegios eran naturales. Después nos dijeron que las diferencias beneficiaban al conjunto y que el bienestar de los ricos era el futuro bienestar de las mayorías. Al final terminarán diciendo que las desigualdades curan el cáncer. No lo dirán ellos: nos dirán que lo dice el algoritmo. Son ejercicios huecos que resumía el Roto en una viñeta donde un acomodado individuo se decía al espejo mientras se ajustaba la corbata: "Cada vez que digo que le bajen el sueldo a los pobres a mí me lo suben".

Hay algo de eterno en el comportamiento de la derecha: pensar que hay gente que es inferior. Los de derechas siempre se creen importantes y, sobre todo, mejores que otros. Hacen suyo el discurso de Calicles en el *Gorgias* de Platón:

> En efecto, se sienten satisfechos, según creo, con poseer lo mismo siendo inferiores [...]. Pero, según yo creo, la naturaleza misma demuestra que es justo que el fuerte tenga más que el débil y el poderoso más que el que no lo es. Y lo demuestra que es así en todas partes, tanto en los animales como en todas las ciudades y razas humanas, el hecho de que de este modo se juzga lo justo: que el fuerte domine al débil y posea más.

La derecha aprovecha la confusión para volver a engañar. Basta ver el discurso de los partidos conservadores cuando pierden el poder. El apoyo de los medios de comunicación es esencial en esa afición de blanquear su sepulcro. Solemos caer en la trampa porque el anzuelo de la derecha juega con un enorme realismo, con una lectura del ser humano que sabe que, en determinadas circunstancias, las personas somos codiciosas. El timo de la estampita, que no se gasta, se basa en ese principio. Decía Galbraith que cada quince años volvíamos a caer en un engaño piramidal. Los estafadores se quedan con el capital y, a cambio, nos dan intereses muy altos los primeros meses. Con eso confiamos en que hemos hecho un gran negocio. Quince años es lo que tardamos en olvidarnos y quince años lo que tardamos en volver a dejarnos guiar por la codicia. En tiempos del *big data* esos tiempos pueden acortarse. La derecha utiliza con frecuencia los timos piramidales en las campañas electorales. Por ejemplo, diciendo que van a bajar los impuestos. Mucha gente les cree.

La derecha suele transitar caminos rebosantes de cinismo. En esa metástasis de impudor, los responsables últimos de la crisis pueden representar e incluso jalear el descontento popular. Son los *insiders* que se hacen pasar por *outsiders* aprovechando el manejo del lenguaje o el control de los medios de comunicación. Es el populismo de derechas como respuesta a la crisis. Son los que están, paradójicamente, en contra de la propiedad individual (en España se han quedado con las viviendas de cientos de miles de personas), los que no son conservadores de nada que no sea su privilegio, los que revolucionan el mundo con una tecnología que puede devastar el planeta. Muchos de ellos se presentan a las elecciones diciendo que van a gobernar sus países "como si fueran una gran empresa". Una gran empresa suya donde lo que cuenta son sus beneficios y los de sus accionistas. Hay sectores populares que creen que alguna migaja caerá de la mesa de los ricos. Algunos, más torpes, creen incluso que como los ricos ya tienen dinero, no necesitan robar más. En el caso de las tarjetas *black* en España, un timo a costa de las cajas de ahorro, había muchos ricos, aristócratas, licenciados y doctores. Gente que no necesitaba robar. Y lo hicieron. Está en su naturaleza como en la del alacrán picar a la rana que le cruza el río.

Los mecanismos del pensamiento conservador son un armario lleno de cachivaches útiles para justificar el egoísmo. "Todos los políticos son iguales", gritan a los cuatro vientos. Como no hay diferencias, los míos no son peores que los de los demás. Si mi político roba, miente, defrauda y se ríe, me está diciendo: "¡Ánimo, *ego te absolvo*! ¡Pecad! ¡Robad! ¡Defraudad! Estáis ya perdonados". Como todo esto genera contradicciones, el modelo precisa enemigos para funcionar. Por eso demonizará siempre a algún grupo, al que necesitará dotar de mayor consistencia ideológica de la que realmente tiene. Si ellos se ven de derecha o de centro, necesitarán inventar una izquierda terrible, aviesa y encanallada, hermanada con todos los males, e intentarán identificarla con algún país en donde se hayan depositado todas las maldades. Las políticas públicas que proponga esa izquierda les resultan irrelevantes. Sus éxitos contra la pobreza, carentes de interés. Lo importante es saber que hagan lo que hagan lo harán mal y con malas intenciones. La derecha no lee los programas electorales porque no le hace falta. En el fondo no les molesta la ideología de la supuesta izquierda. La derecha puede planificar, nacionalizar, regular, ampliar derechos civiles. Todo dependerá del momento y de las necesidades. Una vez más, Groucho Marx: "Señora, estos son mis principios, si no le gustan, tengo otros". Otra frase, si se asume, propiamente de derechas. Y graciosa.

Lo que más le molesta a la derecha con pretensiones institucionales de la izquierda con pretensiones institucionales es su capacidad de quitarles puestos institucionales. El bipartidismo, como en los deportes, necesita exacerbar una falsa enemistad que solo es real en el nivel del político concreto, en un lugar concreto, el día concreto en que esa persona concreta deja de ser alcalde, diputado o asesor porque ha ganado el otro partido. Y a lo mejor hasta tiene que buscar trabajo. En ese juego, la derecha no exagerará porque sabe que, tarde o temprano, le tocará. El bipartidismo es un invento de la derecha. El populismo de derechas ha roto esa farsa bipartidista. Entramos en aguas desconocidas y peligrosas.

Cuando la derecha está fuera del poder más tiempo del que le parece razonable, está dispuesta a romper las reglas del juego, algo que incluye en su forma extrema el golpe de Estado, pero también otras más sutiles e igualmente efectivas, tales como el acoso y derribo a través de sus medios de comunicación –que siempre son mayoría–, las falsas acusaciones ante jueces venales, la evasión de dinero, las amenazas de hundimiento económico, los ataques de la Iglesia –por lo general, católica–, las acusaciones de connivencia con el terrorismo, la compra de algún exizquierdista para que dispare a sus antiguos correligionarios o el señalamiento de los sin patria de la izquierda como la antinación que llevara a los verdaderos patriotas al abismo. Sin portales de comunicación de extrema derecha como *Breitbar*, ligado a su vez a Cambridge Analytica, Trump nunca hubiera ganado las elecciones. Los portales digitales de extrema derecha en España, conectados con estrategias de *big data*, hacen igualmente su parte con el PP, Ciudadanos y Vox. Y, por supuesto, ensucian la política y desnudan el periodismo.

El pensamiento de la derecha ha tenido más fuerza en el desenlace final del siglo XX que el de la izquierda. La izquierda no entiende la ira de la gente común, mientras la derecha les da más argumentos para la rabia. Es la derecha quien organiza la iracundia y da los lemas que canalizan el enfado. La izquierda socialdemócrata –que es la mayoritaria– cambió la manera de vestir y se sintió a gusto prosperando con los países. Pero entre esa elegancia políticamente correcta y una famosa venida a menos, el pueblo prefiere lo que está más cerca del pueblo.

Aunque se ponga tacones exagerados y se le corra el rímel. O precisamente por eso.

El orden de esta derecha se basa en el miedo y, por tanto, está lleno de represión. La propia represión –real o deseada– los hace ser inclementes con los que gozan de la libertad que ellos y ellas no se atreven a tener o tienen que fingir. Sienten fobia ante cualquier grieta en el edificio de su sumisión a un credo intolerante. En cambio, no hacen ascos a la televisión basura, porque entienden que eso forma parte del decorado de la democracia. Saben que tienen jefes (y parecen decir: lo bueno de tener un jefe es que no tengo dos) y exigen que todo el mundo esté sometido a alguien. Asumen que el mundo funciona mandando y obedeciendo y que esa posición en la escala social es natural. La manda Dios, las leyes del mercado o el orden social invariable desde la eternidad. Ese ha sido uno de los grandes errores de la izquierda, que resumía el filósofo Rorty: "Seamos capaces de aprender a salir adelante sin la convicción de que existe una realidad profunda –por ejemplo: el alma humana, o la voluntad de Dios, o el curso de la historia– que ofrece el punto de partida para una teoría omnicomprensiva y políticamente útil". A la derecha le han servido esas realidades absolutas. Salvo cuando han existido revoluciones. Obedecer es garantizar el orden. Eso explica por qué en España 500 personas pueden dominar a 46 millones, pero 23 millones no podrían dominar a los otros 23 millones. Pocos bien coordinados hacen maravillas.

Como solo la derecha se atreve a ser políticamente incorrecta, el campo de la ironía queda en su lado. Así pudimos escuchar a la aristócrata Esperanza Aguirre, exalcaldesa de Madrid y expresidenta de la Comunidad Autónoma madrileña por el Partido Popular, decir que era "pobre de solemnidad", al Tea Party y Donald Trump hacer bromas sobre negros y gorilas, a la derecha italiana tirar en sede parlamentaria plátanos a una ministra negra, al candidato brasileño contra Lula da Silva gritar que había que ametrallar a las madres de los izquierdistas o a un político de la derecha francesa decir que Hitler mató a pocos judíos. Para partirse de risa. Solo ellos pueden burlarse de la política. Son los perfectos antisistema dentro del sistema. Por eso, la derecha, que siempre apela al orden, puede, cuando quiere, convertirse en adalid de un falso desorden (pedir que la gente salga a manifestarse, proponer insumisión fiscal, defender "revoluciones de colores"), cuyo objetivo no es nunca tumbar el sistema, sino ser ellos quienes lo administren. Pueden hacer negocios con Gadafi o Bin Laden o colaborar en su ejecución.

Esta derecha necesita demonizar la alternativa. Por eso siempre insiste en que la línea de emancipación que había entre la Revolución francesa y la rusa está rota, de manera que todo sueño de mejora desemboca necesariamente en el totalitarismo. "Experimentos con gaseosa" es otra de sus frases gastadas preferidas (también, otra vez Hitler, que los nazis ganaron unas elecciones libres, lo cual es mentira –las ganó la izquierda– y un insulto para toda la gente que asesinaron, encarcelaron y deportaron antes de 1933 con el apoyo de la gran industria alemana). A la derecha no le molesta la irresponsabilidad social sobre la marcha de las cosas. Le molesta mucho más el compromiso contra las desigualdades. Defiende la disciplina social frente al voluntarismo de los que quieren cambiar las cosas, desconfía de cualquier optimismo espontáneo y necesita ubicar lo que no controla en un lugar de degeneración. La gente de derecha es muy amiga de decirle a la gente de izquierda cómo tiene que comportarse en la política, como si los votaran o fueran afiliados a sus partidos. Lo contrario ocurre raramente, pues la izquierda, cuando realmente lo quiere ser, debe respetar otras miradas y comportamientos. Pueden hacer negocios con Gadafi o Bin Laden o colaborar en su ejecución.

La derecha, insistimos, tiene una concepción antropológica pesimista. Considera que el ser humano es "un lobo para el hombre". Por eso, no duda en alimentar la parte más depredadora del ser humano siempre y cuando se convierta en una mercancía. Se trata de "capturar la rabia en el tablero de ajedrez del espectáculo". Pueden ofertar o consumir como productos de mercado vidas envilecidas dentro de una casa con cámaras funcionando 24 horas, venden sexo en todas sus zonas de despiece, y pornografía y fantasías eróticas donde, aunque no se falte a la Iglesia el domingo, pueden salir en posiciones comprometidas Heidi, Bambi,

Batman y el Capitán Trueno, al tiempo que se oponen al amor libre, a la maternidad –o paternidad– entre parejas del mismo sexo o cualesquiera formas de libertad que, por un lado, cuestionen su dogma y, por otro, cuestionen un negocio. Esa mercantilización de la vida genera una movilización constante de los valores de la derecha (cada vez que se mueve el mercado, se mueven ellos), mientras que la alternativa solo ha aprendido a movilizarse en la calle, algo finalmente descontado por el sistema.

La actual fase del capitalismo se basa en la competencia generalizada, relaciones mercantiles *urbi et orbe* y el dinero –que no huele, que es un gran ocultador– actuando como mediador universal. La crisis económica trabaja, paradójicamente, más para la derecha que para la izquierda. La crisis regresa a los lugares abisales del racismo y del patriarcado. Porque el racismo, el patriarcado, la guerra, son elementos que necesitan el capitalismo para desarrollar su metabolismo. Como elementos culturales, pueden en algunos momentos independizarse de la matriz económica, pero en el largo plazo están profundamente unidos.

En Estados Unidos, los miembros de Occupy Wall Street recibieron ataques furibundos porque hablaron de desigualdades y señalaron a los bancos como culpables. Hollywood mandó a Batman para pararles los pies y a James Bond a señalar a Julian Assange como el malvado perfecto. En España, el 15M tuvo más fortuna y fue capaz de revertir el lema "Habéis vivido por encima de vuestras posibilidades" por el de "Esto no es una crisis, es una estafa" y "No somos mercancías en manos de políticos y banqueros". La lucha sigue abierta.

Los partidos de la derecha no están solos: la ceguera moral, la codicia bancaria, la desregulación estatal, el apoyo de la academia al modelo neoliberal, el soporte mediático y de los expertos construyen un cierre categorial donde apenas quedan fisuras. El negocio se acaba cuando los que tocan la música y saben cuántas sillas hay dicen: "hasta aquí hemos llegado". Entonces, para la música, ellos se sientan y millones se tienen que ubicar en el inclemente suelo, echarse al mar o abandonarse.

Recuerda Antoni Domènech, en *El eclipse de la fraternidad*, que quizá fuera Robespierre el primer dirigente que disparó contundentemente contra una sociedad basada en el egoísmo (aunque es evidente la base cristiana de esta idea): una sociedad, dijo Robespierre, sostenida en "una especie de filosofía que, convirtiendo el egoísmo en sistema, contempla la sociedad humana como una guerra abellacada, y considera el éxito como criterio de la justicia, la probidad como un asunto de gusto o de decoro, y el mundo todo como patrimonio de arteros bribones".

Ser de derechas no es una cuestión meramente electoral. Se puede votar a la derecha y ser una persona decente. No es tan sencillo ser una persona de derechas de verdad y ser decente. No es decente salvarse sobre las espaldas de nadie. No es decente decir que todo el mundo va a lo suyo para justificar que te dejaste en algún lugar el alma que alguna vez tuviste y que sacas a pasear solo cuando no te soportas o quieres que alguien te respete un poco más de lo que tú te respetas a ti mismo. No es decente desentenderte de las consecuencias de tus actos ni justificar con la maldad del mundo, del ser humano o de la historia tu propia maldad. No por afear más el mundo dejas de ser lo que eres. Ser de derechas tiene mucho que ver con el egoísmo, con el miedo, con la cobardía, con la envidia, con la arrogancia, con la soberbia. Eso que pretendes justificar diciendo: "Así son las cosas". Por eso te divorcias, pero defiendes a la Iglesia más severa; te confiesas pecador, pero no renuncias a diferentes formas de sexo; tomas drogas, pero tienes un discurso prohibicionista; críticas al Estado, pero llevas toda la vida viviendo del Estado; cuestionas el peso de las tradiciones en tu vida particular, pero defiendes una patria eterna e inamovible; defiendes el Estado de derecho, pero buscas a los jueces que cuidan tus intereses quebrando el Estado de derecho; se te llena la boca de la falta de libertad en los países comunistas, pero no dejas que nada se escape a tu control de los medios; eres implacable con tus adversarios políticos y muy tolerante con los tuyos; crees en el orden, en los diez mandamientos, en la necesidad de decir la verdad, pero mientes cada vez que tienes algún miedo o quieres algún privilegio, escuchas rap pero encarcelas a los raperos.

Ser de derechas es algo profundamente humano.

Homosexuales de mercado, feministas neoliberales y *El cuento de la criada*

Tenemos que cultivar nuestro jardín terrestre; lo que quiere decir civilizar la Tierra. El evangelio de los hombres perdidos y de la Tierra Patria nos dice:

> *tenemos que ser hermanos, no porque nos salvaremos, sino porque estamos perdidos.*
>
> Edgar Morin, *Tierra Patria*

¿Puede perderse en pocos años la memoria de las luchas? Es uno de los problemas más serios que arrastra la izquierda: que los que tanto han sufrido pateen la escalera por donde han subido, o para que nadie venga detrás o porque les da lo mismo la suerte de otras humillaciones. Los obreros dickensianos británicos salieron de las condiciones terribles de vida apenas después de la Segunda Guerra Mundial, con las políticas sociales de los laboristas. Bastaron treinta años para que esos mismos trabajadores, con su nivel de vida mejorado, votaran a Margaret Thatcher, su verdugo, que revirtió todos los avances obreros que pudo y convirtió al Partido Laborista en un apéndice de los conservadores ("Mi mejor obra ha sido Tony Blair", diría la canciller británica).

En un momento en donde la lucha de las mujeres promete cambios que profundicen las cansadas democracias occidentales, una mirada *feminista* peculiar se abre paso. Hay un creciente "feminismo neoliberal" que se ha desconectado de las luchas que protagonizaron las oleadas feministas. La primera de esas oleadas, como cuenta Amelia Valcárcel, es la que parte de la Ilustración y la Revolución francesa, con exigencias de instrucción y participación para las mujeres desde la reclamación de la igualdad de las inteligencias; luego vendría la ola sufragista en torno a los derechos políticos del voto activo (votar, aunque todavía tendría que esperar el sufragio pasivo, es decir, ser votadas); la tercera ola sería la contemporánea, que reclama la abolición del patriarcado y asume que "lo privado es público". Se propone desde algunos ámbitos una cuarta ola –más discutida, pero que tiene mucha lógica– que vendría definida por la defensa del multiculturalismo, la diversidad, el acceso de la mujer a los cargos políticos, el derecho al aborto, la demanda de una igualdad salarial y el igual trato entre los géneros.

Es al calor de esta cuarta ola cuando surgen mujeres que reclaman desde el feminismo la igualdad de hombres y mujeres… en el mercado. El acceso de algunas mujeres a cargos públicos de relevancia sería una señal de que lo necesario sería exclusivamente la igualdad de oportunidades para poder competir con los hombres. Ese feminismo neoliberal no cuestiona el capitalismo y, por supuesto, no debate sobre los cuidados, a los que entiende como un trabajo que se enfrenta desde la oferta y la demanda.

La neoliberal Catherine Hakim plantea en *Capital erótico* que la belleza femenina o la capacidad de atracción de las mujeres debe entenderse como un ventaja comparativa, como un "capital", que deben utilizar en la competición mercantil.

Es esa lógica desmemoriada la que reinterpreta lo que han sido grandes avances de las mujeres –por ejemplo, el derecho sobre su propio cuerpo– como una capacidad para ser vendidas en el mercado, sea legalizando la prostitución, los vientres de alquiler, cualquier condición laboral, por abusiva que sea, etc. Esa mirada reelabora los derechos de paternidad como una tensión competitiva igualitaria entre hombres y mujeres también a la interna de la vida de pareja (y que gane el más capaz, según el éxito o el fracaso en el mercado). Estas mujeres, como ocurre igualmente con muchos hombres que reivindican un liberalismo ajustado a sus capacidades, interpretan el mundo desde su única estatura, repitiendo un silogismo falaz y no universalizable: yo soy una persona capaz con muchos recursos intelectuales y corporales; a mí me ha ido muy bien compitiendo con hombres y mujeres en cualquier mercado; por tanto, no tienen que existir cortapisas para que las personas capaces puedan hacer lo que quieran en la sociedad. Es decir, como en la Grecia clásica, los poderosos tienen derecho a sus privilegios, aunque necesiten una legión de esclavos para cubrir sus caprichos.

Otro escenario reciente, vinculado igualmente a la normalización creciente de la homosexualidad en las democracias occidentales, es el de gays y lesbianas vinculados a partidos de derecha y de extrema derecha. No supone ya un escándalo en España que diputados del sector más conservador del Partido Popular hayan expresado públicamente su condición homosexual o celebrado su boda con la asistencia de los principales dirigentes de su partido. En la España nacionalcatólica es un gran avance. Otro ejemplo lo tenemos en la líder del partido de extrema derecha alemán Alianza por Alemania, Alicia Weidel, lesbiana declarada y, al tiempo, furibunda enemiga de los inmigrantes. La pregunta no resuelta es: ¿puede compatibilizarse la diversidad sexual y al tiempo apostarse por posiciones excluyentes en términos de inmigración, gasto social, política internacional o derechos humanos? Más allá de las conclusiones teóricas, compatible es, porque ahí están esas personas, de carne y hueso, que son homosexuales y de derechas.

En el madrileño barrio de Chueca, un espacio con una enorme presencia de colectivos LGTBI, se nota el nivel de renta en comparación con otras zonas de la capital española. La comunidad gay se sitúa, según muchos estudios, por encima de la media en términos de consumo. O expresado en otros términos, la comunidad gay es un nicho de mercado que genera oportunidades de negocio. ¿Debe ser eso determinante para no ser solidarios? La discusión en torno a los vientres de alquiler es muy clarificadora. Desde una perspectiva que busca prolongar los propios genes, los vientres de alquiler suponen una alternativa más atractiva para quienes priman esa voluntad de continuidad por encima de otros valores (por ejemplo, el amor que puedes expresar a un hijo aunque sea adoptivo). Podríamos pensar que la comunidad gay, que viene de sufrir un enorme maltrato en todo el mundo, habría desarrollado una especial sensibilidad ante cualquier explotación, discriminación o abuso de cualquier persona. Sin embargo, una parte de ese sector ha olvidado las luchas que generaron sus derechos. Una vez que opera la radical falta de memoria, priman únicamente los deseos, que se satisfacen de manera egoísta en el mercado. Las luchas de los homosexuales fueron tan duras porque afectaron al corazón del sistema capitalista, la reproducción, y al privilegio de su principal dispositivo de legitimación, la Iglesia. Tanto desde el punto de vista del capitalismo –que siempre ha necesitado mano de obra– como de sus aparatos de legitimación, la lucha contra la "depravación" homosexual ha sido de una enorme agresividad. Incluso cuando el crecimiento de la población rebajó las tensiones reproductivas, los aparatos ideológicos, como la Iglesia católica, mantuvieron esa estigmatización, al tiempo, curiosamente, que la ejercían con menores de una manera muy extendida (basta ver los 25.000 casos de pederastia ejercida por sacerdotes reconocidos en Irlanda o los más de 1.000 solo en Pensilvania).

La lucha homosexual era contra el capitalismo, contra la Iglesia, contra un modelo cerrado de familia, contra el *statu quo*. Es lo que explica el apoyo de la comunidad gay inglesa a la lucha de los mineros contra los ataques de Margaret Thatcher (recogidos en todas sus contradicciones en la película *Pride*) o el contenido reivindicativo de los días del orgullo gay. Sin embargo, una parte de esa comunidad, la de derechas, ha decidido olvidar todas esas luchas y quedarse solamente con la parte lúdica, frívola y consumista de la identidad (es muy evidente en un sector que protagoniza las fiestas reivindicativas del orgullo gay). Los derechos de los homosexuales de derechas son leídos como "derechos naturales", que nacen de la propia condición, al margen de las luchas que lograron su reconocimiento. Por eso el mercado se convierte en un espacio por excelencia para ese colectivo homosexual conservador: todo sueño es visto como un derecho siempre y cuando, como decimos, se mercantilice.

Sin embargo, esa independencia de los derechos homosexuales respecto de las luchas que los lograron estará siempre amenazada. En la Polonia ultraconservadora del partido Ley y Justicia, la derecha gobernante ha regresado, con el argumento de las bajas tasas de natalidad, a la homofobia, primando la necesidad de que nazcan niños y, por tanto, de volver a ligar sexo y reproducción. Ley y Justicia es un partido vinculado a los Conservadores y Reformistas Europeos. En la Polonia regida por la extrema derecha católica, el aborto y la homosexualidad se han convertido en un problema. Frente al enorme descenso de la natalidad, el sistema amenaza colapso sin reemplazos generacionales. Prohibir el aborto y estigmatizar cualquier práctica sexual no conducente a la reproducción tiene la misma lógica que cuando se quemaban "brujas" –mujeres libres, conocedoras de hierbas abortistas, ajenas a la Iglesia y al mercado, favorables al ejercicio del sexo por diversión– en el siglo XVI. Esa misma razón económica es la que puede llevarlos, según sean las necesidades de mano de obra, a recibir a inmigrantes o a convertirlos en los enemigos de la patria.

El escenario de la novela de Margaret Atwood, *El cuento de la criada* (recreado en una exitosa serie televisiva), se convierte en un inquietante espacio que repite una amenaza: algunos sectores privilegiados podrán hacer lo que quieran, mientras que las mayorías estarán sujetas a las exigencias que marquen las necesidades económicas y los mandatos de los aparatos de reproducción ideológica. Esto vale para la homosexualidad, para la reproducción, para ejercer los cuidados, para respirar aire limpio, para comer alimentos sanos, para beber agua potable. Es una repetición del delirio hitleriano: un 20 por ciento decidido a gobernar sobre el 80 por ciento de manera totalitaria. Es decir, para apropiarse de su esfuerzo. ¿No se acerca preocupantemente a esta pesadilla el comportamiento de Donald Trump, un millonario que gobierna para millonarios? En *El cuento de la criada*, las mujeres de clase alta expresan solamente una solidaridad de clase, no de género. La interseccionalidad, esto es, traducir y sumar

las reivindicaciones de clase, género, raza, nación o dignidad es un ariete
para la reinvención de la izquierda.

Decir que eres de centro y continuar con eso de "yo no soy racista, pero…"

Solo hay una forma de saber si un hombre es honesto: preguntárselo. Si responde sí, ya sabemos que es un corrupto.

Groucho Marx

Dicen que un preso gritó "¡Viva el centro!" antes de que lo fusilaran (pero casi nadie lo cree). Es normal. Por ser de centro no te fusilan. Te fusilan, eso sí, si te niegas, con coraje, a no apoyar a dos grupos en conflicto. Como las comunidades de paz en Colombia, que nacieron lidiando entre la guerrilla y los paramilitares y narcotraficantes. Si hablamos de coraje no hablamos del centro. El centro es un lugar de cómodos. En la política estudiantil universitaria siempre ha sido evidente. La izquierda era hegemónica en las facultades de la Universidad Complutense de Madrid. El PSOE tenía su grupo, el PCE el suyo, los anarquistas el que les correspondía y todos se presentaban como lo que eran: asociaciones de izquierdas o antisistema. Alianza Popular y luego el Partido Popular, al igual que UPYD y luego Ciudadanos, siempre se ocultaban como asociaciones estudiantiles "apolíticas", favorables a mejorar los servicios de las facultades (el eterno "más fotocopiadoras") y defensores de una política de "centro". Sus líderes siempre militaban en los partidos de derecha.

Ser de centro es renunciar a radicalizar –ir a la raíz– cualquier conflicto. El carnet de buen centrista se logra rebajando intensidad a la confrontación. ¿Conflicto capital y trabajo? "Fuera. Siempre los ha habido. No hay que exagerar". ¿Conflicto entre razas o pueblos? "Bueno, no me negarás que somos distintos, es evidente que los del sur son más vagos, que los negros necesitan alguien que les mande y que a los pueblos del sur les viene bien estar sometidos". ¿Conflicto entre hombres y mujeres? "A las mujeres, por biología, les gusta el hombre dominante". ¿Que se le fue un poco la mano? "¡Hombre, un pronto lo tiene cualquiera!".

Para ser centrista hay que quitar hierro a los conflictos. Hay que despolitizar, hay que buscar el consenso. Como decía Habermas burlándose de los centristas tentados por la inocencia, la mitad de culpa para Hitler y la otra mitad para los judíos. Pero una cosa es que en los conflictos se busquen acuerdos y otra hacer de ese acuerdo el lugar político por el que se pelea. Para ser de centro tienes que entender –y comprender e, incluso, apoyar– las razones de la parte poderosa del conflicto.

La pérdida de hegemonía de la izquierda le ha dado al espacio simbólico del centro una gloria inmerecida. Una de las claves del neoliberalismo ha sido generar desconfianza por la política (hasta que la recuperaron con el populismo de derechas). El centro es el lugar de la "pospolítica" toda vez que desaparece, al menos discursivamente, el conflicto. Pero que desaparezca del relato no significa que desaparezca de la realidad. El empeoramiento de las condiciones laborales que tuvo el mundo del trabajo durante el pacto socialdemócrata es una señal de que la lucha de clases siempre tiene dos polos. Y cuando el mundo del trabajo la abandona, el mundo del capital la recupera y se la apropia. Por eso, invariablemente, las posiciones centristas se colocan del lado de los intereses del capital, especialmente en tiempos de crisis. Cuando desde la izquierda se repite el juego retórico del centrismo, por causa de una mal entendida transversalidad, la ideología se convierte en mera táctica electoral. Ese abandono ha ido minando la posibilidad de hacer políticas socialistas. Si desaparece el polo izquierdista, el centro se desplaza necesariamente hacia la derecha. Hoy, ser socialdemócrata te convierte en un feroz bolchevique y la gente de centro coquetea con ideas que ayer pertenecían a la extrema derecha. No creo que nunca fusilen a alguien por ser de centro, pero si los condenaran, su radicalismo real, que los lleva a estar siempre a favor del *statu quo,* podría sería un atenuante.

Capítulo 5
Y todavía la izquierda

Estar vivo es algo más que no estar muerto.
Allan Percy

Las muchas izquierdas o de la reproducción de los organismos unicelulares

La izquierda es ese ámbito político que se caracteriza por incorporar, junto a sus muchas virtudes, unos comportamientos en su propio seno que tienen la escasa inteligencia de traducirse, invariablemente y siguiendo comportamientos de los organismos unicelulares, en escisiones, fragmentaciones y divisiones que dificultan alcanzar esos mismos fines que se comparten. En otras palabras, la izquierda suele tener un comportamiento homicida con la izquierda. La izquierda nunca entendió que sin biodiversidad estamos en riesgo de desaparición. En los monocultivos, cuando falta diversidad genética, una ligera enfermedad termina con toda la cosecha.

Recurriendo a la brocha gorda, podríamos identificar varias izquierdas: una izquierda anarquista, que suele ser libertaria y fresca, pero también indisciplinada, inoportuna y autodisolvente; una izquierda comunista, que suele ser eficaz, tiene una ideología clara y es previsible al tiempo que autoritaria, burócrata y eurocéntrica; una izquierda trotskista, que suele tener sensibilidad para los movimientos sociales y mantiene un discurso democrático, pero es sectaria, voluntarista y, por tanto, infantil; una izquierda socialdemócrata, con capacidad de gobierno, pero muy flexible con los principios y con una enorme tendencia a ser una mera gestora del capitalismo; una izquierda maoísta, muy solidaria con los más humildes –se acerca a la izquierda cristiana–, aunque maximalista, muy amiga de las divisiones (es gracioso que en China, con tanta población, haya un solo partido maoísta, mientras en España llegó a haber al menos cinco) y, al tiempo, suele terminar aliada con la izquierda socialdemócrata cuando gobierna; una izquierda nacionalista, que reclama los elementos progresistas de la nación al tiempo que en nombre de esa misma nación puede unirse a la derecha; una izquierda posmoderna, fresca e imaginativa, que refleja la pluralidad y complejidad de la sociedad, pero que cree en líderes salvíficos, está muy sometida a los vaivenes de las encuestas y presta una excesiva atención a lo mediático y a la política de gestos. Etcétera. Nótese que la práctica mayoría de estos grupos no responden a intereses sociales concretos ni, mucho menos, a clases sociales (cuando Lenin hablaba de ampliar el consenso popular, por ejemplo, hablaba de incluir en la construcción de hegemonía a los campesinos), sino a lecturas de hacia dónde debe ir la sociedad. La izquierda tiene al sujeto en cuarentena.

Michael Walzer estableció, atendiendo a la izquierda que existía cuando la caída del Muro de Berlín, otras categorías. En ese momento diferenció entre una "izquierda sectaria", dominada por académicos incapaces de ganarse para su causa siquiera a las vanguardias estudiantiles; una "izquierda vieja", que identificaba con el laborismo, que evocaba la política tradicional y donde escaseaba la efervescencia, se vivía a la defensiva y se había renunciado a la transformación social; una "izquierda de los movimientos sociales", autojustificada, autoalimentada, intensa en su mínima parcela, particularista y con tendencia al misticismo de sus luchas (se refería sobre todo a los verdes). Walzer esperaba, con buen juicio, que la unificación de esas demandas en una "coalición de fines" –no en una coalición de partidos– pudiera solventar parte importante de los problemas de la izquierda; señalaba también una "izquierda comunitaria", que había cambiado la tendencia de clase por valores tradicionales vinculados a la nación como depósito del bien común. Esta es la que le gustaba al filósofo, recordando la apelación a lo "nacional-popular" que reclamaba Gramsci, pero que pasaba porque todos los grupos renunciaran a sus "intereses especiales" –de género, de clase, de raza, ecologistas, pacifistas–. Por último, señalaba una "izquierda pos moderna", basada en "un poco de esto y un poco de aquello", que era la opción más plausible, pero que, en cualquier caso, no debiera olvidar que lo que caracterizaría a la izquierda serían "nuestras vinculaciones con las personas en situación difícil o con grupos sociales en decadencia".

Todos estos matices de la izquierda se pueden resumir en tres grandes "almas", detrás de cuyo divorcio se esconde una buena parte del éxito de la derecha.

Las tres grandes familias enfadadas de la izquierda

Uno de los grandes problemas de las ciencias sociales consiste en hacer listas interminables, taxonomías infinitas donde se pretende dar cuenta de la realidad en toda su riqueza. Sirve como listado, pero no ayuda a pensar. Necesitamos herramientas. El mapa perfecto ocupa el mismo territorio que el imperio. Tiene el problema de que no es útil. Como bien sabía Borges, para pensar hay que olvidar. Con esa voluntad, podríamos señalar tres grandes familias de la izquierda.

Traigamos en primer lugar a aquella izquierda revolucionaria a la que le basta haber creído conocer las reglas del movimiento de la historia y ponerse del lado de los que la impulsan para creerse imbuida de una enorme fortaleza moral y una incuestionable verdad científica. Ante las dificultades efectivas de la revolución, siempre le echó la culpa a la teoría, al subconsciente, a la debilidad de los demás o al sursuncorda. Todo antes que preguntarse si la revolución no le venía demasiado grande al común de los mortales. Es la izquierda que leyó mal esa parte del *Manifiesto comunista* donde Marx y Engels dicen que la sociedad socialista será esa en donde la libertad de cada uno será la condición de la libertad de todos. Una izquierda que prefiere hablarle "a los hombres" antes que a cualquier hombre concreto. Generalizar siempre es más sencillo.

Pese a sus evidentes errores, esa izquierda ha dejado como herencia en la historia buena parte de lo mejor que tiene la democracia occidental. Pero le cambiaron las preguntas y se quedó insistiendo como el tonto al que se le acaba el camino y, sin embargo, sigue. A esta izquierda le ocurre hoy con frecuencia como al Bruce Willis de *El sexto sentido*: está muerta, pero se cree muy lista. Tiene problemas para regresar a la vida. Cuando se necrosa, hace inviable la reinvención de una nueva izquierda y prefiere inmolarse en las viejas creencias antes que echar su cuarto a espadas con posmodernos, perroflautas y submarinos del enemigo.

Otra izquierda renunció hace demasiado tiempo a transformar el sistema. Frente a la vía revolucionaria, apostó –especialmente por su consistencia en la Alemania de comienzos del siglo XX– por transformar la sociedad desde la sede parlamentaria. El reformismo fue su credo. No tenía por qué haber sido así, pero terminó devorada por el sistema hasta constituirse en uno de sus puntales. El debate sobre la socialdemocracia no se zanja solo con discusiones teóricas. Critican desde otras izquierdas que está bajo el síndrome de lo que Al Pacino afirma en *El padrino* ("Mi padre le hizo una oferta tan buena que no pudo decir que no"), pero ellos creen que son como el Woody Allen de *La última noche de Boris Grushenko* y afirman: "Amar es sufrir. No amar es sufrir. Sufrir es sufrir". Han hecho a menudo cosas muy parecidas a las que hace la derecha, pero con mirada consternada.

Una tercera izquierda apostó siempre por la rebeldía, por la espontaneidad, por la radicalidad inmediata, por la desobediencia, por no comulgar con ninguna dádiva del sistema. No parece que acierte con los tiempos políticos, pero la suerte de sus otros contendientes en la izquierda no desmiente sus análisis. Su coherencia con principios morales construidos como dogmas religiosos también implicó su soledad y su fragmentación. Cuando haces del análisis el único mundo alternativo, no puedes permitirte ni la ligereza de una coma mal puesta. De ellos puede decirse lo que afirmaba Maxime McKendry en *Sangre para Drácula*: "El conde Drácula puede parecer que no es el marido ideal, pero proviene de una muy buena familia". La izquierda, ya sabemos, se quedó a la siniestra desde 1789. A la izquierda de la Asamblea Nacional Constituyente, a la izquierda de dioses, reyes y tribunos, aquellos y aquellas que querían cambiar todo en nombre de los pobres. Las buenas malas familias. Desde entonces, a la izquierda.

¿Más libros nuevos o más adoquines de toda la vida? Errores y aciertos del socialismo en el siglo XX

La reconstrucción de la izquierda europea en el siglo XXI necesitará arrancar de lo particular para conseguir convencer a las amplias mayorías que hoy apoyan a la derecha y también a la izquierda sistémica a la que solamente le molestan los "excesos del sistema". Sócrates, dicen los que lo conocieron, no simpatizaba con lo que sería el ánimo emancipador de su época, pero se atrevió a sostener que solo sabía que no sabía nada. Pura duda. Y muy humilde. Un buen comienzo para hablar de la izquierda. En el Mayo del 68, recuerda Yannis Stavrakakis, los intelectuales se preguntaron: "'¿Qué espera de nosotros la insurrección?' La insurrección responde: 'Por ahora, lo que esperamos de ustedes ¡es que nos ayuden a arrojar adoquines!'".

El socialismo del siglo XX, como referencia por excelencia de la izquierda (tanto la socialdemócrata como la comunista, que son las que han construido gobiernos), ha brindado un mapa de navegación útil para la izquierda del siglo XXI. Según esta bitácora, el socialismo del siglo pasado tuvo cuatro grandes rasgos: eficiencia, heroísmo, atrocidad e ingenuidad. La eficiencia tiene que ver con su capacidad para incorporar a una parte considerable de la humanidad a la modernidad (la Rusia feudal, la China imperial, zonas deprimidas de Centroeuropa, África o Asia), así como con haber dotado a nuestras constituciones de buena parte de lo mejor que las acompaña: el sufragio universal real, la sanidad y la educación públicas, la renuncia a la guerra y la violencia, la igualdad ante la ley, el derecho al trabajo y a una vivienda digna, las pensiones, la igualdad de las mujeres y el derecho sobre su cuerpo y, prácticamente, toda la panoplia de derechos y libertades del constitucionalismo de posguerra, incluyendo la Declaración Universal de los Derechos Humanos de 1948.

Su atrocidad, que configura el libro negro del llamado con abuso "socialismo realmente existente" –y que fue más un capitalismo de Estado–, tiene que ver con el Gulag, los muros, las purgas, los presos políticos, la falta de democracia, la desconfianza ante los trabajadores y la traición al gobierno del pueblo, por el pueblo y para el pueblo. Visto en distancia, vemos que los más ortodoxos siempre son los que más daño hacen. Cierto es que, desde un principio, la construcción del socialismo sufrió todas las cortapisas imaginables por parte del mundo establecido, pero, como decíamos, la petición de Brecht (perdonadnos porque vivimos en tiempos sombríos) no sirve como referencia en el nuevo siglo.

El socialismo del siglo XX también reclama recordar su heroísmo, callado con intención culposa, y que tiene como gesta para la humanidad el haber sido determinante en frenar al nazismo durante la Segunda Guerra Mundial –de los 50 millones de muertos de la contienda, al menos 20 millones fueron ciudadanos soviéticos. Los nazis, mal que le pese a Spielberg, empezaron a perder la guerra en Stalingrado, no en Normandía–. Igualmente, el haber puesto siempre los muertos, presos, torturados en las luchas contra las dictaduras y en las peleas por la democratización.

Pero de lo que se habla menos es de la *ingenuidad* del socialismo durante el siglo pasado. El socialismo del siglo XX fue ingenuo por cinco grandes razones. En primer lugar, por creer que bastaba asaltar el aparato del Estado para, desde ahí, cambiar el régimen social. Esa ingenuidad la conjuró Marx después de la experiencia de la Comuna de París, pero le faltó rematarla dedicándole algo de tiempo al "programa de transición". Tan convencido estaba de que después de derribado el capitalismo vendría un reino de armonía que no se detuvo en desarrollar una teoría del paso del capitalismo al socialismo, tampoco de la justicia ni del Estado a la altura de los retos que vendrían. Una vez alcanzado el poder, todo fue improvisación, y de ahí que Lenin decidiera interpretar en cada momento el rumbo del proceso, mientras que otros marxistas le reprochaban las prisas. En segundo lugar, por creer que bastaba con la creación de un partido único, regido por una interpretación burocrática del centralismo democrático (la información circula de abajo arriba y las órdenes de arriba abajo), para regular la sociedad y dar respuesta a sus evoluciones o aunar sus diferentes voluntades. Solo si se piensa que hay una sola verdad y que se está en posesión de la misma puede postularse la existencia de un partido único. Es en esta fórmula donde se entiende la queja de Rosa Luxemburg y Trotsky de que el partido sustituye a la sociedad, el Comité Central sustituye al partido y el secretario general sustituye al Comité Central. En tercer lugar, por creer que estatalizando los medios de producción se podrían satisfacer las necesidades sociales de manera más eficaz y abundante que en el capitalismo (estatalización que renunció a otras formas de propiedad pública no estatal que en los comienzos de la Revolución rusa estaban en discusión y que se frenaron entregando la gestión de las fábricas a los sindicatos, correas de transmisión del partido, en vez de a los consejos de fábrica). En cuarta instancia, por creer que lo que servía para Rusia podía trasladarse a otros países con trayectorias, historias y cosmovisiones diferentes (es la amargura de un Mariátegui alertando a los ortodoxos de la necesidad de un marxismo latinoamericano que no fuera "ni calco ni copia" del soviético, y que terminaría siendo expulsado de la Komintern por pretender que la emancipación en Perú debía contar con los indígenas, mayoría social por otra parte en su país, aunque no viniera en los catecismos del marxismo). Por último, por creer que un crecimiento ininterrumpido traería un reino de la abundancia que terminaría con todos los problemas humanos y sociales, ignorando la necesidad humana de trascendencia, el agotamiento del planeta y los problemas del productivismo heredado por la modernidad. En la misma dirección, por incorporar la idea de *fin de la historia* y no entender que el socialismo también es histórico y que, por tanto, cambia con las sociedades, por lo que debe estar abierto para incorporar nuevas necesidades (por ejemplo, la sensibilidad ecológica).

En conclusión, la izquierda en el siglo XXI tiene como reto enmendar todos esos errores. La primera regla pasa por complejizar los análisis simplistas que en el siglo pasado llevaron a cometer tamañas barbaridades. O, expresado de manera más clara: el socialismo, como objetivo de la izquierda, no puede construirse solamente desde el Estado, y mucho menos desde el Estado burgués; la instauración de un sistema de partido único es una simplificación de la organización humana que asombra por su grosería; la abolición de toda la propiedad privada (confundiendo con frecuencia propiedad privada con medios de producción) es igualmente, tras cinco siglos de capitalismo, una simpleza que condena al estrangulamiento económico. Por último, la separación entre socialismo científico y socialismo utópico hurtó a la izquierda aquellos aspectos de la vida humana (curiosamente, los más gratificantes) que, por no ser materiales (amor, amistad, empatía, aceptación, etc.), quedaron fuera de foco y fueron tirados por la borda con el rechazo al autoritarismo y la manipulación histórica realizada por las religiones.

La izquierda y los robots de *Westworld*: si piensas en neoliberal, hablas en neoliberal y sientes en neoliberal, igual te has hecho neoliberal

Los liberales siempre han vivido en *Westworld*. Esta serie televisiva muestra un parque de ocio, ubicado temporalmente en el *Far West*, que está habitado por robots perfectos que no se diferencian de una persona de carne y hueso. La atracción consiste en que los humanos pueden hacer con los robots lo que sería un delito hacer en la vida real con otros seres humanos. En *Westworld* puedes participar de la violencia propia del Oeste sin sufrir ningún daño. Puedes matar indios, robar bancos, disparar al *sheriff*, violar a las camareras, saquear vestido de confederado, colgar negros y todo eso sin sufrir ni un rasguño, porque en *Westworld* las máquinas no pueden hacer daño a las personas. ¿Una utopía o un infierno? El desarrollo tecnológico no está siendo definido por los intereses de las mayorías ni por criterios democráticos, sino por la búsqueda de beneficios conseguidos mercantilmente. El desarrollo tecnológico en todas sus variantes está en manos de talibanes del mercado.

John Locke se quejaba al rey de Inglaterra de su absolutismo. Le reprochaba, lleno de razón, que los tratara como a esclavos. Pero Locke tenía esclavos negros en su plantación. El problema en *Westworld* tiene que ver con la empatía, que se debilita. Si matas o violas a un robot que es idéntico a un ser humano, ¿no es más fácil que hagas lo mismo en el mundo real? Esa frontera que rompes en tus emociones, ¿se frenará después en la vida real? Las fronteras que rompe la biotecnología no están defendidas por ningún ejército moral ni político y se someten a las estrictas reglas del mercado.

La discusión acerca de la ficción y la realidad cobra otro pulso cuando la experiencia es indistinguible de la realidad. En la serie, los robots van incorporando la capacidad de aprender, de manera que cada una de las agresiones se va convirtiendo en una biografía del horror. ¿No fue la conciencia obrera una suma de agravios que terminaron desbordando el vaso?

El socialismo en el siglo XXI mantiene el sustantivo. Es socialista porque se sitúa de manera clara y definida contra el capitalismo y la explotación que conlleva, incorporando a la transformación cualquier tipo de dominación (además de la de clase, de género y de raza, la medioambiental, la sexual, la generacional, etc.). En este sentido, el socialismo mantiene su condición de aguafiestas de la orgía prometida por el capital, ese "populismo del libre mercado" según la feliz expresión de David Harvey. El capitalismo promete a la humanidad vivir como reyes, garantizándolo solamente a unas minorías, pero consiguiendo la aceptación del sistema gracias a esa simple promesa incumplida durante siglos (injusto sería no decir que allí donde la promesa deja de ser eficaz, el monopolio de la violencia física, legítima o ilegítima pasa a ocupar el lugar de los argumentos). La condición de aguafiestas de la izquierda se radicaliza con el agotamiento del planeta. Allí donde ayer el socialismo prometió una sociedad de abundancia que el capitalismo era incapaz de proveer, hoy se ve en la obligación de exigir la sobriedad como propuesta de organización social, una vez constatado que ya hemos devorado irremediablemente medio planeta. Es en esa condición de aguafiestas en donde el socialismo debe encontrar la razón más simple de la necesidad de la alegría. Un socialismo triste es un triste socialismo.

Correspondería hoy a la herencia de la izquierda renunciar a los sueños infantiles de omnipotencia. Su complicidad con el estado actual de cosas viene por creer también en los fetiches (el dinero, las mercancías, el Estado, el patriarcado, el trabajo). La tarea revolucionaria –revolucionaria porque necesita cambiar los esquemas del pensamiento– es entender que son mentira. La revolución como un antídoto contra la tristeza. La catástrofe no nos puede llevar a la luz. La emancipación no viene de la mera evolución de las cosas, del simple devenir de la lógica económica. La emancipación no puede ser el simple resultado del desarrollo capitalista. No es, como dice Anselm Jappé en *Crédito a muerte*, "la ejecución de una sentencia dictada por la historia". Muy al contrario, y en la senda de Walter Benjamin, afirma que "es la catástrofe la que está programada, no la emancipación; las cosas abandonadas a su discurrir espontáneo únicamente conducen al abismo. Si hay 'leyes de la historia', estas van siempre en el mal sentido; la libertad y la felicidad humanas no son nunca su resultado, sino que siempre se logran contra ellas".

Convertidos en fragmento, ya no hay lógica predecible de raza, género o clase. No es cierto que nuestro comportamiento sea el resultado, más o menos mecánico, de nuestro espacio social. Somos rehenes de las jerarquías construidas, aun sin ser conscientes de ello, por el capitalismo en los últimos trescientos años: de la religión, del autoritarismo familiar, de la escuela, del nacionalismo y el militarismo, de la moral sexual opresiva (e hipócrita), del arte clasicista y elitista, de la racionalidad que pesa sobre la imaginación, del cálculo que limita y condiciona el disfrute. Ahora todo eso se ha convertido en un algoritmo al servicio del beneficio de quien sepa calcularlo y no tenga escrúpulos en aplicarlo. Somos rehenes de un mundo construido con dicotomías donde siempre hay un polo positivo y otro negativo: diestra y siniestra. Y, por eso, Fredric Jameson podrá afirmar sin mucha compasión que "es más fácil imaginar el fin del mundo que el fin del capitalismo". Aún más, podría acabarse el mundo –como en *Matrix*– y, sin embargo, continuar el capitalismo. ¿No se está planteando que los robots paguen seguridad social? ¿No es imaginable pensar en fábricas robotizadas que compran productos a otras fábricas robotizadas? La serie *Black Mirror* debe estar preparando un capítulo donde el Primero de Mayo lo protagonizan robots. *Westworld* es un sueño neoliberal.

Pero los problemas no terminan ahí. Existe una identificación popular de la izquierda con los partidos socialdemócratas. Si después de la Segunda Guerra Mundial la izquierda asumió el liberalismo político –renunció al asalto al Palacio de Invierno y abrazó el juego parlamentario–, en los años ochenta hizo otro tanto con el liberalismo económico. La tercera vía e, incluso, el eurocomunismo no fueron sino asunciones vergonzantes de la derrota de la izquierda a la hora de superar el capitalismo. Por un lado, esa izquierda se parece a la derecha. Por otro, es rehén de sus errores y de la propaganda en contra. Y, a menudo, comparte una idea fuerza con la derecha: no se debe fomentar la autogestión de la economía, de la vida, de la política.

Como vimos al comienzo, la muerte de la izquierda tendría que venir con la muerte del sujeto que la enunciaba. La clase obrera existe y tiene capacidades revolucionarias (como demuestra que, si mañana no fueran al trabajo todos los asalariados, el sistema colapsaría), pero está el problema nuevo de que ya no se deja representar. Es demasiado plural, demasiado entreverada, demasiado mestiza. Ya en los años setenta, la izquierda tuvo que incorporar a los cristianos, con no poca discusión, al sujeto del cambio. Además, los estados nación se han hecho multiculturales. Pensar hoy que el sujeto del cambio es el proletariado blanco suena a casa antigua. Los trabajadores no se ven a sí mismos como clase obrera (aspiracionalmente se sienten, como ya dijimos), la fragmentación salarial, incluso para un mismo puesto de trabajo, dificulta cualquier definición homogénea y el desarrollo del trabajo intelectual crea una novedosa población activa y desempleada o precariamente empleada –el *precariado*–, con una mayor cualificación, incluso, que los que los dirigen y los exilian. Jóvenes licenciados que fuerzan la lógica capitalista al negarse a ser tratados como *proletarios* y que tendrán que ver en qué medida sus luchas se encuentran con las de otros colectivos que siempre han sufrido esas condiciones (en especial las mujeres). Sin olvidar que, en otros lugares, sujeto del cambio son también los pobres, los indígenas, los estudiantes, los militares, etc.

Sin duda, era mucho más fácil ser de izquierdas en el pasado (es la ironía de Vázquez Montalbán afirmando que "contra Franco vivíamos mejor"). El fascismo clarificó el escenario: ellos eran de derechas y el antifascismo, de izquierdas. Unos frenaban la historia, otros la aceleraban.

El esquema funcionaba. Esa identificación respecto del pasado sigue siendo válida. Pero hasta ahí. La izquierda carece de modelo alternativo claro y compartido. Por eso, el dilema "¿qué es ser de izquierdas?" no tiene solución. Y no hay alternativa porque no hay una percepción clara de lo que significa el capitalismo, algo lógico en un mundo donde somos, al tiempo, víctimas y verdugos (somos sujetos mercantilizados que se usan constantemente). No es extraño que sea un lugar repetido ver a feministas diciendo que no son feministas, a socialistas diciendo que no son socialistas, a comunistas diciendo que no son comunistas y a Marx diciendo que no es marxista.

Aun siendo cierto que la cuestión de clase sigue siendo la *contradicción principal*, una nueva definición de la izquierda podría empezar por una intuición fuerte que nos llevaría hacia lugares luminosos. Se trataría de asumir, en nombre del respeto a los demás, que no podemos obligar a nadie a aceptar lo que no queremos para nosotros. La idea de fraternidad acompaña esta conciencia. Esto nos llevaría a una metodología política no autoritaria, contraria a la partidocracia vigente y a la deriva burocrática del centralismo democrático. Nos traería a una crítica al capitalismo y su constante creación de expulsados, explotados y oprimidos. Regresaría a una apuesta por el internacionalismo donde el sujeto de dignidad sería el ser humano, no el compatriota. Nos conduciría al antirracismo y nos haría conscientes de esa terrible herida histórica de la esclavitud y el colonialismo. Nos pondría delante de los ojos el feminismo, terminando con ese reparto desigual de derechos y obligaciones y haría de los cuidados una obligación compartida de hombres y mujeres. Nos llevaría de la mano a la ecología, al hacernos conscientes de que disfrutamos de aire, agua y tierra porque las generaciones pasadas no acabaron con todo y, por tanto, nos corresponde hacer lo mismo hacia delante.

Con este panorama, ¿dónde está hoy la izquierda? En el caso de la socialdemocracia no es fácil seguir considerándola dentro de ese paradigma emancipador (piénsese una vez más su renuncia a superar el modelo capitalista). Otras izquierdas siguen siendo deudoras del autoritarismo propio de los orígenes absolutistas de los modernos estados nacionales. Los ámbitos libertarios, tan relevantes para los movimientos indignados, no contemplan construir la alternativa.

Teóricos como Giddens –el autor del libro original sobre la tercera vía– propusieron sustituir la categoría *izquierda* por la de *centrismo radical*.

Quedó como una manera vergonzante de asumir la propia impotencia. En el prólogo que hizo hace veinte años Josep Borrell a la edición española de *La tercera vía* de Tony Blair, se resumían las propuestas de este modelo que permeó a todos los partidos socialdemócratas: "La izquierda ha de unir hoy las tradiciones socialista y liberal, haciendo compatible la justicia social promovida por el Estado con la libertad individual en una economía de mercado". Hasta ahí y a primera vista no debiera haber ningún problema. Pero, a partir de esta idea sensata, y visto desde 2018, ¿de dónde surgió la reforma del artículo 135 de la Constitución Española que dio prioridad al pago de la deuda por encima del gasto social? ¿De dónde salió la aversión hacia los sindicatos cuando hacen reclamaciones laborales firmes? ¿De dónde salió el apoyo a la guerra de Irak? ¿De dónde salieron las privatizaciones? ¿De dónde salió la connivencia con los bancos? ¿De dónde salieron las puertas giratorias? ¿De dónde salió la presión sobre los jueces? ¿De dónde salió el crecimiento de las desigualdades? Porque no pasaría nada si todo se tratara de adaptarnos a un mundo caracterizado por "el surgimiento de mercados cada vez más globales y también de una cultura global, el avance tecnológico y la conversión de la cualificación profesional y del manejo de la información en los factores clave del empleo y de las nuevas industrias, la transformación del papel de las mujeres y, finalmente, los cambios radicales en la naturaleza de la política". El problema en 1998 –cuando se firmó ese prólogo– era que la ofensiva neoliberal ya estaba en marcha y la socialdemocracia había perdido la voluntad, antes que la capacidad, de decir no a la entrega de sus principios y valores. Esa debilidad la entendieron las grandes patronales que habían consentido en 1945 con el Estado social. Ya no veían freno para empezar una nueva etapa sin cortapisas.

Si perdemos de vista que el problema está en el capitalismo, aunque no tengamos una alternativa completa al modelo, terminamos aullando con los lobos pensando que así no nos van a devorar. Puede entenderse que el laborismo inglés fuera derrotado por Margaret Thatcher. El problema es que muchos laboristas pensaban como Margaret Thatcher. El modo de vida, la política de bloques durante la Guerra Fría, la influencia norteamericana, la prolongación de la vida política en los consejos de administración de las grandes empresas… son todos elementos que marcan la práctica de la socialdemocracia, aunque estén lejos de lo que plantean en la teoría o en sus programas electorales. La izquierda no tiene un modelo económico alternativo al capitalismo, pero sin ser anticapitalista no se puede estar en la izquierda. Porque la psique humana no es funcional al capitalismo. Si la vida es trabajar como robots, la vida deja de merecer la pena[1].

El capitalismo, como vio Marx, ha sido una fuente de progreso, aunque el precio que se cobró fue altísimo. Es buena la pregunta de Rawls en su "velo de la ignorancia": si usted no sabe si le va a tocar ser trabajador de la periferia o empresario, blanco, negro o indígena, hombre o mujer, sano o enfermo, ¿prefiere vivir en una sociedad donde ser trabajador pobre, negro, indígena o mujer no tengan consecuencias negativas, o en una clasista, racista y patriarcal como las sociedades capitalistas? Afirmamos cosas porque se las cobramos a otros. ¿Sacrificaría usted una vida por salvar *Las Meninas*? ¿La suya propia? ¿La de su hijo? El capitalismo acabó con la opresión de Dios, pero, recuerda Santiago Alba, nos trajo la opresión del cálculo burgués, que nos exige más y más. Desarrolla espectacularmente todas las potencialidades productivas, pero nos hace tener vidas consagradas al trabajo. Quien se pueda librar vivirá mejor que un rey del siglo XVIII. Pero condena al grueso de la humanidad a llevar vidas que se nos antojan miserables. Esto no es una decisión individual. Es una decisión que tienen que tomar los pueblos en profundas discusiones sobre la convivencia. Debe formar parte de los procesos constituyentes.

Es verdad que la socialdemocracia se parece a muchos de sus votantes. Por tanto, el espacio de la izquierda no pasa simplemente por representar al pueblo. Toca discutir en su seno acerca de todos estos aspectos camino de un nuevo sentido común. Y esa discusión está ahora mismo en las afueras de los partidos tradicionales. Las diferencias generacionales estallaron en Europa con el *brexit*, de la misma manera que una mayoría de diputados y senadores que no estaban ya en edad reproductora fueron los que tomaron la decisión de prohibir abortar a las argentinas jóvenes en 2018. La aceleración de los cambios en el mundo tecnologizado obliga a pensar muchos problemas en clave generacional. Sobre todo para que no exploten. Pensemos que la clave de las sociedades occidentales está en el pacto intergeneracional con jóvenes con trabajos dignos y abuelos con pensiones dignas sostenidas por los jóvenes. Eso no implica caer una vez más en simplezas. ¿Son los jóvenes de izquierdas y los viejos de derechas?

---

[1] Son miles ya los casos en el mundo de niños que fallecen porque sus padres se han ido al trabajo y los han olvidado en el coche.

Tontería. Hay conocidos pensadores, académicos, periodistas y políticos que eran de extrema izquierda de jóvenes y hoy están en posiciones de extrema derecha. En su juventud fueron vehementes comunistas y ahora son vehementes neoliberales, racistas, anticomunistas, integristas. De manera que su única constante biográfica es la vehemencia. Eran idiotas de jóvenes y siguen siéndolo de viejos. Decía Albert Camus: "Cada generación se cree llamada a rehacer el mundo. La mía sabe, sin embargo, que no podrá rehacerlo. Pero su tarea es quizá mayor. Consiste en impedir que el mundo se deshaga". La izquierda es empática y piensa también en las generaciones futuras, las que aún no han llegado. No hay expresión más grande de generosidad que reconocer derechos a quienes no exigimos ningún deber.

Westworld es, como no podía ser de otra manera, un invento masculino. Como el neoliberalismo. Inventar una sociedad de robots donde puedes dar rienda suelta a tus sueños de gorila, patriarcales, violentos, racistas. Donde las mujeres son putas, sumisas o monstruos sin escrúpulos, donde todos los habitantes del pueblo son presuntos delincuentes a los que puedes ejecutar justamente en tu papel de juez de la horca. ¿Y la vida buena? ¿Y el espacio de la fraternidad? La empatía desaparece porque todo el parque recreativo está para satisfacer a quienes han pagado. Y los que pagan, en el neoliberalismo y en *Westworld*, ni se imaginan formar parte, siquiera simbólicamente, de la diversión de nadie.

Capítulo 6

La izquierda es un aire de familia de la fraternidad

–¿Dónde está tu hermano Abel?
–¡No lo sé! ¿Acaso soy yo responsable por mi hermano?
Libro del Génesis, 4

Así pues, en resolución, la democracia republicana moderna fue, con distintos grados de radicalidad, un intento de universalizar la libertad republicana, de ensanchar el círculo de los libres e iguales, de principiar la civilización de la sociedad aboliendo la loi politique *supracivil del Estado burocrático moderno heredado de las monarquías absolutas europeas; y en su versión más radical –la de la fraternidad jacobina–, de abolir también toda* loi de famille, *de disolver, sometiéndolas a la* loi civile, *todas las zonas sociales de vigencia de cualquier despotismo "privado" patriarcal-patrimonial [...]. La democracia republicana-tradicional era, desde tiempos inveterados, la promesa de que tampoco los pobres libres tendrían que pedir permiso a nadie para existir socialmente. Y la democracia fraternal republicana de impronta europea era la promesa, aún más radical, de que también los pobres no-libres –los esclavos propiamente dichos, y los nuevos esclavos "a tiempo parcial" (asalariados), los pueblos colonizados y las mujeres–, sujetos a una ancestral* loi de famille *subcivil, se emanciparían, accediendo de pleno derecho a la vida civil de los plenamente libres e iguales (recíprocamente libres).*
Antoni Domènech, *La metáfora de la fraternidad*

La fraternidad como amor y el interés común como guardián

En *Requiem por un campesino español* de Ramón J. Sender, Mosén Millán, un cura que acaba de llevar a los falangistas hasta la cueva donde se escondía Paco el del Molino, perseguido en 1936 por republicano, parece darse cuenta de lo que ha hecho. Se arrodilla, reza y se lamenta por su delación a unos metros de donde van a fusilar al campesino. El cura delator tiene remordimientos, siente empatía por el que está a punto de ser asesinado. Pero no mueve un dedo a su favor, salvo para juntar las palmas en señal de oración. Siente a su feligrés desde algo que se aproxima a la fraternidad, pero su empatía está encadenada a la parálisis. No es fraterna. La empatía tiene grados. Mosén Millán busca excusas para quedarse al margen –algo habrá hecho, se lo merecía, no tenía que haber desobedecido, iba por mal camino–. Al establecer culpas, se justifica el castigo. Cuando acude la catástrofe y no hay culpables (un terremoto, un tsunami, una hambruna), la solidaridad es más inmediata. Las ideologías despiertan o silencian la empatía. La fraternidad es empatía movilizada.

La izquierda siempre se ha creído mejor que la derecha. Y con razón. Porque ser de izquierda siempre cuesta algo. La izquierda es éticamente mejor cuando viene de la consciencia. Sufre como víctima que se sabe víctima. Víctima por culpa de gente sin alma que se empeña en desterrar la humanidad y la cooperación que nos ha traído hasta aquí. Porque hemos llegado hasta aquí compitiendo, pero sobre todo cooperando. La izquierda es mejor moralmente porque está con las víctimas y hace suya su suerte. Mejor porque sabe que luchar por la justicia y por la verdad le da la llave de la inmortalidad a los frágiles seres humanos y les otorga un sentido (nuestro yo pequeño y mortal se diluye en algo grandioso). Mejor porque su objetivo se basa en el amor al prójimo. Mejor porque hace de la generosidad una manera de estar en el mundo. Mejor porque obra sabiendo que toda persona es un fin en sí misma y porque le entrega la responsabilidad de sus actos habiendo sentado las bases para que todo el mundo pueda ser igualmente libre. En algún momento de nuestra vida, todos los seres humanos nos comportamos así con alguien. Cuando lo hacemos, en nuestro foro íntimo algo se alegra.

Si algo debiera ser la izquierda es empatía radical en movimiento (no vale la empatía paralizada). Que socialismo es amor está en Aspasia y en el sermón de la montaña y su prédica de amar al prójimo por encima de todas las cosas. Es lo que recogió San Agustín cuando afirmó "ama y haz lo que quieras", queriendo dar a entender que quien ama realmente no hace daño a los demás (¡cómo va a amar el celoso, el maltratador, el que considera que la mujer es un objeto cuya misión es engalanar al hombre expresándose como su propiedad!). El socialismo va más allá de la regla de oro de todas las religiones del libro –no hagas a los demás lo que no quieres que te hagan a ti– y también del imperativo categórico kantiano

–obra según una máxima que querrías que se convirtiera en una ley universal–. Esos principios son una manera de empezar a andar el camino de la fraternidad. No es el egoísmo utilitarista de cuidarnos cuidando (que no es poca cosa) ni proclamar que los demás deben comportarse en virtud de nuestras creencias. Es amor porque es la afirmación de la empatía activa como el criterio central de la organización social. Solo un presupuesto de amor puede dejar de considerar a los demás seres humanos como instrumentos de uso particular. Es ese amor el que reconoce dignidad a los seres humanos. Puede y debe escribirse en una Constitución, pero su fuerza tiene que estar asentada en ese sentimiento complejo, pasional y racional que nos debemos entre todos como seres humanos. El amor también es onda y partícula.

El amor es ética. Ama al margen de la respuesta, mientras que la moral obra con la idea de reciprocidad. Si "quieres" no se trata entonces de buscar la reciprocidad. Por eso es más sencillo construir una sociedad moral que una sociedad ética (y las sociedades basadas en principios éticos fuertes, lo que se conoce como *comunitarismo*, suelen ser posibles solamente en círculos estrechos con muchos lazos simbólicos mantenidos). Podríamos buscar un acuerdo transaccional: que la ética escogiera los objetivos y la moral organizara los comportamientos para alcanzarlos. No andaba lejos Marx, siguiendo a Rousseau o interpretando a Aristóteles, cuando pensaba que la política desaparecería cuando lo hicieran las clases sociales, esto es, las diferencias sociales basadas en el diferente lugar que se ocupaba en la escala de producción, origen, en su lectura, de todos los males. Pero hay más desigualdades. Si no hubiera tensiones sociales basadas en la desigualdad –principalmente de clase, de género y de raza–, la sociedad viviría una suerte de estabilidad permanente y esa idea que vincula política con coacción desaparecería. Sueños de los ingenieros de utopías.

Robinson Crusoe no existe como alguien que sobrevive en una isla por sus habilidades individuales. Sobrevive porque el barco del que ha naufragado encalla y puede rescatar todas las herramientas que le van a permitir vencer a la naturaleza. Sobrevive porque puede pensar. Pensar es un ejercicio que se hace con el lenguaje. Y el lenguaje, por definición, es social. Y nos lo tienen que enseñar. Quien no aprende algún tipo de lenguaje –aunque sea de signos– tiene cierto retraso. Monologar es dar marcha atrás. Dialogar es avanzar. El miedo monologa. La esperanza dialoga. En alemán, *hören* ("escuchar") está relacionado con *gehören* ("pertenecer"). En el idioma de Goethe, la escucha se defiende en relación con el otro. Somos parte del otro cuando lo escuchamos: "Uno pertenece al otro al escucharlo, y él forma parte de uno mismo al ser escuchado". En la misma dirección, nos recuerda Antoni Domènech que "en griego, 'amigo' se dice *filo*, una palabra emparentada con *philos*, que significa 'amor'; de otro lado, en latín, 'amigo' es *amicus*, un vocablo que comparte raíz con *amare*, que es 'amar'". ¿A quién puede amar alguien de izquierdas? ¿Qué papel desempeña ahí la libertad?

Derechos y obligaciones de fraternidad: una regla universal que atraviesa las Constituciones

Hemos visto que la igualdad fue jibarizada desde el liberalismo al articularla como igualdad ante la ley y fue malinterpretada por el capitalismo de Estado soviético como una homogeneización que solamente podía aproximarse igualando materialmente por abajo.

Planteaba Marx en su búsqueda de un sujeto revolucionario que la única manera de disputar a la burguesía la condición de detentadora del universalismo era *dotando a la clase obrera de un universalismo superior.* Pero esto trae un problema. Si te ves obligado a luchar por tu interés de clase, aunque no coincida con tu interés individual, estás perdiendo tu libertad individual. El corazón de la izquierda no puede reposar, por tanto, en la libertad de cada uno. Esa petición constante y cuasi religiosa de unidad que caracteriza a las fuerzas de izquierda abunda en esta línea.

Pero la izquierda tampoco puede asumir sin más la pérdida de la libertad –es una herramienta esencial del ser humano– ni obligar a cumplir ese universalismo obrero por la fuerza. Esto nos lleva obligatoriamente a una idea: solo queda la fraternidad como lo genuino de la izquierda, un universalismo que tiene una intuición de clase, pero va más allá de la clase concreta –se hace interclasista– y además es voluntario, que es lo que permitiría ocupar un lugar emancipador en la historia universal. No es reformista porque quiere cambiar la base del sistema, y no es revolucionaria porque asume el gradualismo. La fraternidad, que presupone la libertad como condición, y que busca la igualdad como objetivo para todos, tiene que ser necesariamente superadora del capitalismo como lógica social (lo que no quita que haya mercado capitalista). Fraternidad es la suma de reforma y revolución animada por la rebeldía, es decir, por el signo libertario. La libertad sin fraternidad es una mistificación, una robinsonada fundamentalista e individualista (como si viviéramos en un gran centro comercial donde todos fuéramos clientes). Una igualdad sin fraternidad es una homogeneización igualmente fundamentalista y contraria a la identidad (la Revolución Cultural china). La fraternidad sin igualdad carece de proyecto y si carece de libertad es rehén del paternalismo. Solo cuando la fraternidad viene acompañada de la libertad puede cumplir el principio de rectificación constante que anima a la izquierda y que constituye su espacio de crítica social. La izquierda no puede quedarse nunca quieta. ¡Qué cansado es ser de izquierdas!

Cuando se quedan solas reforma y revolución se rectifican mal a sí mismas y siempre yerran. Por esa capacidad de rectificación, la izquierda tiene que poseer necesariamente oído musical para la utopía. De lo contrario ¿cómo se pone en marcha? Esto es un problema porque puede haber una izquierda que en nombre de esa condición utópica no quiera nunca gobernar, porque gobernar es reencontrarse con los límites. Pasa con los que prefieren vivir en la pureza de las ideas alejadas de cualquier práctica. Las instituciones son depósitos de memoria, construidos a través del diálogo y con perspectivas de medio y largo plazo. Por tanto, no desperdician la experiencia y se construyen precisamente solventando en la práctica lo que no tiene solución en la teoría. Las instituciones son tan vulgares y tan maravillosas como los seres humanos. ¿Por qué será que los poderosos siempre piden la autorregulación en los sectores que les garantizan su poder? Cuando operaba esa "autorregulación" las jornadas laborales eran de 16 horas, el derecho a la vida solo pertenecía a los privilegiados, no existía el derecho al voto ni las mujeres eran ciudadanas. Hoy la autorregulación es la que está detrás de los oligopolios mediáticos y financieros. Es aquí donde hay que recordar que en nuestras sociedades hacen falta militantes comprometidos, aunque solamente sea para contrarrestar la proliferación de voceros del *homo oeconomicus* que quieren convertir al ser humano en un apéndice del beneficio.

Este punto es esencial: si la fraternidad se basa en la voluntad individual de donar, ¿cómo se salvaguarda el bien común en el caso de que faltaran personas caritativas? La fraternidad solo puede nacer de un diálogo donde se hayan garantizado las condiciones igualitarias para todos los argumentos. Ese diálogo donde se respeta la misma posibilidad de defender cualquier argumento consigue acuerdos en los que la libertad de cada cual y el interés individual se liga a los de los demás. Es precisamente esa voluntad la que se tiene que asentar en obligaciones constitucionales. No olvidemos que las instituciones, como conclusión del diálogo entre partes con intereses comunes e intereses particulares, expresa el respeto al otro y una mirada hacia el medio y largo plazo. Las instituciones, que incorporan la moralidad de la reciprocidad, no deben permitir que los gorrones y los aprovechados incumplan su parte del pacto. Pagar impuestos para financiar el Estado social no puede ser algo voluntario. Pero en una sociedad decente, pagar impuestos no es un drama. El drama es no recibir servicios públicos. No parece disparatado entender que corresponde a los procesos de socialización hacer ver que pagar impuestos en una sociedad igualitaria nos hace parte de una sociedad decente. Volvemos al comienzo: si hay desconfianza en los seres humanos, no hay izquierda ni democracia.

Las discusiones constitucionales deben reeditarse en cada generación –no de manera total, pero sí para actualizar el compromiso generacional con la Constitución–. Esa discusión tiene un fondo igualitario, libertario y fraterno que las hace democráticas y, por tanto, entrega a quienes la discuten la recompensa de formar parte de la garantía democrática de una comunidad. Las constituciones –las leyes– deben estar bañadas de fraternidad, de manera que la creación de condiciones iguales y libres para el desarrollo de todos los miembros de la misma es un esfuerzo colectivo que funciona todos los días gracias al aparato institucional, y no a la caridad individual de quienes quieran ejercer tal caridad. Porque la Constitución descansa, para ser democrática, en un principio esencial: nadie puede explotar a ningún ser humano, todos los miembros de la comunidad, como partícipes del bien común que implica la vida colectiva, deben beneficiarse de las ventajas de la vida compartida. Que es, además, el comportamiento decente cuando reconoces a cualquier ser humano una idéntica dignidad. Las leyes no deben decir nada que no compartan las personas decentes, que, como las personas dignas, son las que ni se dejan humillar ni humillan a los demás.

Diferenciamos entre "poder sobre" y "poder para". El primero tiene un potencial de fuerza y, por tanto, de daño. El segundo muestra la capacidad de hacer cosas juntos que solos no podríamos. La fraternidad es la herramienta (ayudarnos entre nosotros contra cualquier "poder sobre"). La fraternidad es una paz entre nosotros que nos une (Norberto Bobbio habla en su libro *Izquierda y derecha* de libertad, igualdad y paz).

La fraternidad posibilita confrontar –incluso hacer la guerra– a los que niegan la libertad a los demás. Porque la libertad es la condición de poder desplegar nuestra voluntad, de tener la capacidad de movernos, formarnos, expresarnos, actuar. La libertad es un requisito de la fraternidad. El fin que orienta la vida social –para lo que sirve la fraternidad como asunto material, además de hacer la vida más hermosa al hacerla dialogada– es la igualdad, entendida como el igual derecho a disfrutar de las ventajas de la vida social que tienen los seres humanos como sujetos de dignidad.

La fraternidad surge del dolor y el sufrimiento por la falta de libertad y de igualdad. Por eso, la fraternidad no puede ser inicialmente cosa de los estados (responsables desde que existen de quitar libertad y consolidar las desigualdades), sino de las personas. Solo cuando el Estado se hace constitucional y republicano (*res-publica*) se guía por la fraternidad. La fraternidad es una categoría política máxima porque abole la política (el conflicto) y lo sustituye por un comportamiento decente que nace de la propia voluntad.

Nos recuerda Antoni Domènech que la fraternidad bebe de la griega Aspasia. Obviamente, estamos hablando de organizaciones políticas basadas en la idea de república. Si no puede en verdad haber democracia con monarquía, menos aún izquierda con monarquía. Por eso, la monarquía, que es un anacronismo en el siglo XXI, tiene que estar justificada con la fuerza. De hecho, históricamente ha venido acompañada del control del Ejército y del apoyo de la Iglesia, que es la que ha sostenido que las desigualdades son naturales después de la caída del hombre desde el cielo a la tierra por culpa del pecado original. La monarquía tiene que desconfiar del ser humano para justificarse a sí misma. La fraternidad es la que dice que lo privado es público, la que vincula el ámbito de la familia del mundo griego y romano –recordemos que *familia* viene de *famulus*, que significa "esclavo", y que era el espacio donde mandaba el paterfamilias– con el ámbito público.

La fraternidad es la que consigue que los que no tienen no dependan de la caridad de un filántropo, sea Bill Gates, Georg Soros o Amancio Ortega: que las personas "dignas" puedan ir a comprar sus propios alimentos y no dependan de los grandes hacendados que invitaban a los vecinos y a los menesterosos a comer gratis. Recuerda Domènech:

> Robespierre y el ala plebeya de los jacobinos franceses llegaron más
> lejos que nadie: hasta los esclavos de las colonias francesas; hasta los

asalariados, esclavos a tiempo parcial sometidos "a tiempo parcial" a un "patrón"; y al final de sus días, hasta las mujeres, inveteradamente sujetas a la dominación patriarcal-patrimonial. La famosa *fraternité* jacobina expresaba precisamente eso: la necesidad de emancipar de la dominación patriarcal-patrimonial al conjunto de las "clases domésticas", de incorporar a la sociedad civil, hermanándolas en ella, al grueso de las clases sociales subalternas.

En la inmensa trilogía sobre George Smiley de John le Carré (*El topo*, *El honorable colegial* y *La gente de Smiley*) hay una propuesta metodológica esencial. Después de descubrirse que había un topo en los servicios secretos británicos, y de constatarse que el topo era ni más ni menos que el máximo responsable del MI5, la única manera de recomponer los servicios secretos pasaba por mirar donde nadie había mirado. Seguro que allí había algo importante, pues el traidor habría hecho sus deberes desviando la mirada de ese foco. Con ese mismo razonamiento, y mirando a los tres grandes lemas de la Revolución francesa, podríamos concluir: la izquierda debe prestar una especial atención a la fraternidad porque ha sido la gran olvidada. Y los que han pugnado para que desapareciera del radar han sido los poderosos.

Dice Zygmunt Bauman que en nuestras sociedades a la libertad la ha sustituido la seguridad; a la igualdad, la paridad (acceso al consumo de masas); y a la fraternidad, la red. Se ha pasado, por tanto, de una dimensión colectiva a una dimensión individual. Tienen razón los que nos alertan contra la "sociofobia", como la llama César Rendueles, de las nuevas tecnologías de la información. Evgeny Morozov va más lejos y dice que nos regresan a una suerte de Edad Media, a un "feudalismo tecnologizado". El *big data* en nuestras sociedades neoliberales se convierte en el más fiel sirviente del gran hermano. Por el contrario, la fuerza de la fraternidad va directamente contra la indiferencia propia de nuestras sociedades, una de las principales amenazas que se ciernen sobre la izquierda.

La fraternidad republicana y el liberalismo elitista

La fuerza de la fraternidad es inmensa porque es la fuerza del amor (las tragedias griegas están llenas de los diferentes matices de la fraternidad: la *philia*, o el amor entre iguales; *eros*, o el amor del inferior al superior; y *agape*, el amor nacido de la bondad del superior al inferior –*charitas* en latín–). Su fuerza es capaz de romper algo en lo que están de acuerdo casi todos los internacionalistas: el reinado del Estado de naturaleza en la sociedad internacional, es decir, la asunción de que en la relación entre las naciones manda la lucha de todos contra todos. En 2006, la revista conservadora *Foreign Affairs* planteaba la posibilidad de un "primer golpe nuclear" de Estados Unidos en Rusia y China convencidos de que no tendrían capacidad de respuesta –algo que apoyaría años después el congresista Duncan Hunter, igual que algunos israelíes habían planteado algo similar respecto de Irán–. Si los derechos nacionales se basan en la idea de reciprocidad ("no te lo hago si no me lo haces; te lo hago si tú también me lo haces"), los derechos humanos están basados necesariamente en la fraternidad ("te ayudo aunque nunca puedas devolverme el favor"). La fraternidad no solo acaba con la indiferencia, sino que invita a la responsabilidad. Decía San Agustín que el pecado original lastima, pero no anula la imagen originaria de Dios presente en todos los hombres. Trasladado a un lenguaje no teológico, en cualquier ser humano, como afirmamos, hay humanidad.

La izquierda tiene una tarea pendiente: tiene que desvelar las mentiras del liberalismo, que fue siempre el gran enemigo de la fraternidad, separando el grano de la paja. Recurriendo a Antoni Domènech (que nos ha enseñado casi todo lo que sabemos sobre fraternidad):

> A los aficionados a recorrer impacientemente la historia con botas de siete leguas (que suelen ser también los más acomodaticios y satisfechos con el presente), recordémosles, para empezar, que en la Constitución esclavista dieciochesca del estado norteamericano de Virginia, redactada por el muy ilustrado y liberal Locke, los esclavos negros seguían condenados a la inexistencia social total. Recordémosles también que hasta finales del siglo XIX la mayoría de los países europeos civilizados y liberales mantuvieron el sufragio censitario que excluía a los pobres radicalmente de la vida pública. Recordémosles que hasta bien entrado el siglo XX tampoco la mayoría de los países europeos civilizados reconocían a las mujeres el derecho a la palabra y al voto políticos. Recordémosles que todavía hoy, a finales del siglo XX, ninguna democracia reconoce plenamente el derecho a la participación política de nuestros *metekos*, los trabajadores inmigrados procedentes en su mayoría del tercer mundo. Y, finalmente, recordémosles lo más importante: que todavía hoy, a finales del siglo XX,

ninguna democracia reconoce el derecho isegórico ático a la igualdad en el uso de la palabra.

Las "grandes aportaciones del liberalismo", que son de tipo institucional, tales como la división de poderes, el Estado de derecho, las garantías civiles o las normas electorales nacen en la lucha de la burguesía contra la monarquía absoluta. En su formulación, son previas a su despliegue durante el siglo XX. Quien va a hacerlas universales es la clase obrera. La lectura liberal reservó siempre esos principios en exclusiva para los que definía como ciudadanos. Ese elitismo pervirtió figuras como la democracia, que habían tenido un mayor desarrollo en otros momentos de la historia. Al tiempo que la burguesía proclamaba una democracia alicorta, los sectores populares reclamaban un alcance universal. Resume Losurdo en *La izquierda ausente* cómo uno de los padres del neoliberalismo, Hayek, dejaría muy claro en *La sociedad liberal* para quién era la democracia: "La 'participación popular' en las decisiones políticas, la 'libertad colectiva', no es en absoluto algo esencial; insistir en ella, como empezaron a hacer los partidos de masas y los sindicatos a mediados del siglo XIX, expresa la ruinosa 'decadencia de la doctrina liberal'".

Por eso Robespierre sigue sin tener una calle en París (solo han permitido ilustrar con su nombre alguna calle en la *banlieue*). Una vez enunciada, la fraternidad supera, por su propio contenido lógico, la brecha de clase, de género y de raza, se hace cosmopolita, laica, alfabetizadora, contraria al patriarcado, enemiga de la esclavitud y del racismo, incompatible con la explotación. La fraternidad, por esta fuerza realmente democrática, nunca le ha gustado al liberalismo.

Permítasenos insistir en las relaciones entre la igualdad, la libertad y la fraternidad. La izquierda se equivocó al fragmentarlas.

El ideal de justicia siempre está tan marcado por urgencias que el riesgo de sacrificar la libertad es alto. Pero es un error. Tienen que estar las tres operando al tiempo. La libertad es algo paradójico que hay que pensar más allá de las trampas liberales que solo sirven para perpetuar los privilegios. La libertad tiene la facultad de multiplicarse limitándola. Es una válvula que hay que reducir para poder disfrutar de las ventajas de la vida en común. La libertad debe estar sometida a "límites habilitantes". El lenguaje nos obliga con sus reglas y nos roba libertad, pero al tiempo nos la da porque permite que nos comuniquemos. Esas limitaciones no son un ataque a la libertad. Son límites, como decía Castoriadis, que habilitan. Los semáforos nos quitan libertad, pero nos permiten que haya tráfico rodado. La libertad no es un absoluto. En cambio, la justicia entendida como dignidad de cada ser humano sí lo es. La fraternidad es la única manera de poner a la libertad e igualdad en diálogo sin golpearlas a ambas. Sin golpear la libertad, ya que logra que la acción sea activada por la propia voluntad, y sin abolir la igualdad, ya que supera el egoísmo. Los seres humanos con poca humanidad –que no son escasos– son un fracaso de nuestra propia humanidad. Recurriendo a una metáfora que usa Santiago Alba, ¿no tendrá la culpa quien nos pone en la balsa de la medusa –en situaciones desesperadas– obligándonos a morir y matar para sobrevivir? Porque históricamente hemos ido saliendo, como seres humanos, de esos atolladeros. Son muy indecentes los defensores del nazismo que explican, justificando de alguna manera la ejecución de judíos, que en las cámaras de gas, los cadáveres de los más débiles siempre estaban abajo. ¿No es la culpa de quien quería gasear a seres humanos quitándoles el aire? En España, los telediarios muestran a gente desesperada queriendo saltar la valla de Melilla, jugándose otra vez la vida después de una travesía de años llena de trampas atravesando mares, mafias y desiertos. Nadie ve a los enriquecidos de las grandes corporaciones que han arruinado los países de los exiliados y los emigrantes. Es imposible que decenas de miles de inmigrantes arruinen nuestro país y la convivencia. Los que produjeron la crisis de 2007 tienen sobre sus espaldas haber roto muchos países y provocado muchas muertes. En una verdadera democracia estarían en la cárcel.

Sin embargo, y aunque parezca otra vez paradójico, es importante entender que, incluso en la gente indecente, hay una chispa de humanidad. Estar en contra de la pena de muerte no es algo que se postula de un inocente, sino de un culpable. Los niños no refrenan sus deseos hasta que se les enseña y entienden que, en la realidad, las cosas tienen consecuencias. Las sociedades adultas no reaccionan como si no hubieran crecido a lo largo de su historia. En situaciones desesperadas, matar no deja de ser matar una parte de nosotros mismos. Contemplar el suicidio como la primera opción frente a una desgracia –por ejemplo, en el apocalipsis de un campo de concentración, en la lucha de todos contra todos de los suburbios de las megalópolis– nos llevaría a desaparecer como especie. ¿Quién pensaría entonces el mundo? Incluso en los momentos más desesperados hay una grieta en el muro, un relámpago en la noche, la certeza de que hay alguien viendo cada noche, como escribió Pessoa, la luz de la luna viniendo a batir la hierba, el convencimiento de que estamos dialogando, incluso en silencio y, aunque no sepan nuestro nombre, con los que están golpeados y no se dejan vencer. La confianza en el ser humano nos invita a continuar y la alegría trae al presente el mundo que deseamos.

Si no fuera por esta esperanza, ¿quién habría resistido la larga noche del siglo XXI? Lavar y tender la ropa en el *lager*, en el campo de concentración, era un gesto mínimo que tenía un mensaje infinito: hacemos esto porque la vida, de un modo u otro, va a seguir. Y el mundo que adelantamos con este pequeño gesto es ese en donde nos cuidamos y tenemos tiempo para respetarnos.

Fraternidad, mentira y alegría

Por eso la fraternidad no puede mentir. La mentira rompe la confianza entre las personas. Para llegar hasta aquí ha sido tan importante no mentirnos que solo mentimos con las palabras, que son unas recién llegadas a la historia. Y, sin embargo, no somos capaces de mentir con las pupilas ni con los gestos involuntarios. Creerse las propias mentiras es una ventaja para los mentirosos. Se les nota menos. La izquierda no puede mentir salvo cuando escribe mentiras piadosas, como la del padre a su hijo en el campo de concentración de *La vida es bella*. La derecha siempre construye su argumentario justificador de su egoísmo con mentiras: Dios, la naturaleza, la tradición, la excelencia, la sangre, los genes, la tecnología, la irresponsabilidad, la cadena de mando, el algoritmo.

Trump habla de "países de mierda", Alemania se queda el dinero de toda Europa, los ricos son en todos lados cada vez más ricos y crece el número de políticos que se alzan sobre plataformas de odio. Hay mercados negros de órganos para gente rica y granjas de mujeres para que den a luz los hijos que no quieren –o no pueden– parir parejas ricas. Si estamos en un momento nihilista, la fraternidad es esencial. Porque se van a destruir millones de puestos de trabajo, China ha empezado una particular guerra económica y Rusia quiere su parte de un pastel cada vez más pequeño. Ojo por ojo y todos terminaremos tuertos. ¿Nos matamos entre nosotros o nos respetamos como iguales en dignidad? Un principio de fraternidad sostenido sobre la igual dignidad no puede asumir tampoco que la mala suerte condene a alguien a la pobreza o a la ignorancia. No se trata de la mera solidaridad (como la que tienes con los pobres de África o quien sufre una calamidad), sino de algo que tiene forma de derecho. Los ricos se duelen cuando a su criada o a su chofer se le muere un hijo en un accidente, pero no dejan de explotarlos. La fraternidad y los derechos de ciudadanía son dos realidades que se refuerzan mutuamente.

La izquierda, o quien quiera reinventar ese espacio, tiene que dejar de llorar por las esquinas, tiene que invitar a la vida, tiene que vestir de domingo a la emancipación y respirar desorden de madrugada y libertad. ¿Por qué no puede la izquierda apostar por la aventura, por el riesgo, por el éxtasis? ¿No es acaso la belleza una de las cosas que disuelve el yo y nos reconcilia con las cosas que son más grandes que nosotros mismos? ¿No están unidas la verdad, la bondad y la belleza? ¿No son las tres construcciones que nacen del diálogo del pueblo? Apostar por la alegría es un elemento vinculado a la fraternidad. La izquierda debe celebrar la belleza, esa que se encuentra en un verso, en una página que rodea a una idea, en una partitura que deja el aliento en el borde de una mesa, en un cuadro que no tiene fin, en una mirada que dice cosas inexplicables, en una sonrisa que nace de las profundidades del mundo, en un cuerpo que desafía tu equilibro, en una actitud generosa, en un gesto valiente, en un diálogo con los que no están, en una manera de estar entre los que han sido y los que serán. Es más difícil rescatar a la fraternidad en la tristeza, pues la tristeza está demasiado ocupada en el dolor propio. La alegría, la confianza en los demás, ayudar, cooperar, decir que sí y también decir que no cuando ese "no" ayuda a las personas, actualiza el mundo por el que luchamos. La alegría nos dice que el mundo merece la pena y que ese instante quizá pueda ser más duradero en el futuro. Cualquier alegría –incluso en el campo de concentración– era una esquina de un mundo que no estaba pero que podía estar. Era la anunciación de la primavera en el más duro de los inviernos. El olor que queda entre los dedos mucho tiempo después de habernos frotado las yemas con albahaca o brezo. La paz que quitaba el miedo a Juan Ramón Jiménez y le hacía escribir "me marcharé y se quedarán los pájaros cantando". Y entonces no te mueres porque sabes que se quedarán los pájaros cantando. La cara de sorpresa de un niño que ha aprendido algo nos dice que somos apenas un eslabón ínfimo de un viaje que lleva cinco millones de años. Y nos llena de fuerza y de razones. La fraternidad, como alegría, está llena de esa fuerza. Las revoluciones que nos han traído lo más hermosos de nuestras sociedades se construyeron con ese impulso.

Capítulo 7

Morir de hambre en el paraíso: ¿es la renta básica una condición de las políticas de izquierda en la crisis del neoliberalismo?

Adán y Eva disfrutaron, antes de ser expulsados del Paraíso, de un alto estándar de vida sin trabajar. Luego de su expulsión, ellos y sus sucesores fueron condenados a ganarse una existencia miserable, trabajando de sol a sol. La historia del progreso tecnológico en los últimos 200 años es esencialmente la historia de la especie humana trabajando lenta y firmemente su camino de vuelta al Paraíso. ¿Qué pasaría si es que de pronto nos encontráramos allí? Con todos los bienes y servicios producidos sin trabajo, nadie tendría un trabajo remunerado. Ser desempleado significa no recibir salario. Como resultado, hasta que nuevas políticas de ingreso fueran formuladas para adecuarse a las nuevas condiciones tecnológicas, todo el mundo moriría de hambre en el Paraíso.

Wassily Leontief

Y en nombre de la libertad sobre mi cuerpo, ¿por qué no voy a poder vender un riñón? Y en nombre de mi libertad como feminista ¿por qué no puedo aparecer desnuda en la gala de Nochevieja? Mi libertad me da derecho a hacer con mi cuerpo lo que quiera.

Discusión en las aulas en la facultad de Derecho de la UCM

La renta básica universal incondicionada (RB) es una política pública que garantiza un ingreso suficiente para cubrir las necesidades materiales básicas de todo ser humano mayor de edad que vive en un territorio. No es una poción mágica ni es sencilla de aplicar. Pero es un avance civilizatorio. Es la garantía material del derecho humano a una existencia digna que se sostiene sobre la decisión colectiva de que así sea. Es, junto con el derecho al trabajo digno, la herramienta más útil para vivir una vida sin penuria y sin miedo.

Siguiendo a Arcarons, Raventós y Torrens en su trabajo *Renta básica incondicional. Una propuesta de financiación racional y justa*, podemos establecer que los avances de cuantificación de la renta básica más desarrollados plantean los siguientes requisitos: (1) que la implementación de la RB se autofinancie, es decir, que no genere un déficit neto estructural; (2) que su impacto distributivo sea muy progresivo; (3) que más del 50 por ciento de la población con menos ingresos gane renta neta respecto a la situación actual; (4) que los tipos impositivos reales o efectivos tras la reforma del modelo (es decir, una vez considerados no solo los nuevos tipos nominales del IRPF, sino también el efecto de la RB) no sean excesivamente elevados. Al mismo tiempo, establece unas exigencias: (1) la cantidad de RB transferida es igual o superior al umbral de riesgo de pobreza. Debe garantizar pobreza cero en términos estadísticos para toda la ciudadanía. (2) La RB transferida no está gravada por el IRPF. (3) La RB transferida sustituye toda prestación pública monetaria de cantidad inferior y hasta esa cantidad. (4) La RB transferida deberá ser complementada cuando sea inferior a la prestación pública monetaria. (5) La RB transferida no debe suponer la detracción de ningún otro ingreso público por la vía del IRPF. O, dicho a la inversa: el modelo deberá seguir financiando lo que ya se financia actualmente (sanidad, educación… y todas las otras partidas de gasto público), además de la RB que se propone.

La renta básica se ha enfrentado a varias críticas recurrentes. La primera, que quizá es la más extendida entre el sentido común, señala que la aplicación de esta renta tendría como resultado más evidente que nadie trabajaría. ¿Para qué madrugar, aguantar a un jefe, hacer una tarea monótona y aburrida, perder tiempo y vida en el desplazamiento si tienes dinero suficiente para vivir? De entrada, parece una crítica sensata. Pero si la miramos más despacio, está llena de prejuicios. Esta mirada se sostiene sobre la desconfianza en el ser humano. Según esta interpretación, todo el mundo es un parásito potencial. Es una queja que deja intuir una vida no muy luminosa que paga con los demás la ira de su frustración. La RB financia un mínimo vital y, por tanto, no resta el estímulo para mejorar las condiciones de vida. Además, sirve para recordar que hay mucho trabajo que no es empleo, por ejemplo, el de los cuidados y el reproductivo, igual que el voluntario. El trabajo, cuando es voluntario, ayuda a la autorrealización. También permite evitar caer en la trampa de la pobreza, pues los subsidios condicionados desestimulan aceptar un empleo, ya que se pierde la ayuda. La condicionalidad obliga a vivir de esa renta de subsistencia, lo que aumenta las probabilidades de deterioro. Sin olvidar algo que es esencial: la RB no abandona el compromiso público con la creación de empleo de calidad. El hecho de trabajar, por lo que tiene de vínculo social, ayuda a fomentar las relaciones y construye, cuando tiene un ámbito de respeto, dignidad. Nuestro amigo carpintero al comienzo del libro conoce los versos de Machado que recuerdan que "todo necio confunde valor y precio".

Tampoco es cierto que se dispararía la inflación, pues no se financia creando dinero, sino a través de una reestructuración fiscal. Plantean algunos autores que, previsiblemente, subiría el precio de la vivienda al emanciparse los jóvenes, pero es en casos como este donde se demuestra que la RB debe ir acompañada de otras políticas sociales, como las habitacionales, que permitan el acceso a vivienda digna de un modo real. Sería un error pensar la RB como un mecanismo que hace desaparecer doscientos años de logros de los trabajadores. Sin embargo, los neoliberales que apuestan por una renta básica la piensan en esa dirección.

¿Es mejor el pleno empleo? Es cierto que el empleo, como decíamos, es una manera de relacionarnos con los demás que construye comunidad. Pero el mercado laboral es hoy en día una jungla. Aunque esta metáfora igual hay que revisarla y decir que es más bien un desierto. Cada vez hay más evidencias de que la robótica destruye de manera neta empleo. La RB debiera complementarse con políticas de reducción de la jornada laboral y de reparto de los empleos. La alternativa llevaría a empleos precarios, salarios bajos y al despido gratuito, teniendo que competir la economía mundial no ya con China, sino con los robots.

La RB reubica los trabajos. Contar con una renta mínima da mayor libertad a la hora de rechazar los trabajos más duros, con mayores riesgos, más alienantes y peor pagados. La existencia de este colchón mínimo obligaría a reevaluar el pago de este tipo de empleos. De la misma manera, las sociedades estarían dispuestas a pagar la creatividad y la creación de empresas personales aumentaría al no ser tan alto el riesgo. También permitiría pensar de manera radical algunos problemas sociales como la prostitución, al liberarla del prejuicio que liga el trabajo sexual a la explotación, la trata, la esclavitud y la carencia absoluta de recursos. La RB permite también repensar la eutanasia, ya que aleja la sospecha de ver en el derecho a disponer de nuestra propia vida un riesgo de "eugenesia social" para los que puedan sentirse una carga por carecer de recursos, especialmente los mayores.

Por otro lado, la RB permitiría pensar en suprimir el IVA, articular comunitariamente los municipios o atacar a los paraísos fiscales. La fuerza que despliega es descomunal y la capacidad financiera que representa permite dar batallas que ahora mismo es muy difícil librar. Igualmente, es esencial porque cambia la reparación por la prevención y hace más responsables a las sociedades al sacarlas del ciclo corto del consumo. Y algo no menor y que está poniendo en peligro todo un modelo: la RB posibilita el diálogo intergeneracional que el neoliberalismo ha roto, toda vez que las pensiones no dependen de malos empleos de los jóvenes ni sacar a la juventud del desempleo implica quebrar la financiación de las pensiones. Como venimos analizando, la capacidad de establecer la agenda mediática y el sesgo de las informaciones es una característica de nuestra época. Se demoniza a quienes saltan la valla de Melilla o hacen una pequeña obra sin cobrar el IVA, pero se perdona a los que saquearon las cajas de ahorro, hicieron aeropuertos sin aviones o endeudaron al país con hospitales privados que no aumentaron el número de camas ni redujeron las listas de espera. Los mismos privilegiados que han parasitado con la corrupción las arcas públicas son los que siembran la idea de "parasitismo" vinculada a la RB. ¿Qué explica que un pobre vote en contra del Medicare en Estados Unidos, la única medida que le permite acceder a asistencia sanitaria? Solo es comprensible si entendemos la capacidad de crear hegemonía de las aseguradoras y empresas médicas. Una vez más, los portales de la extrema derecha, más el uso particular del *big data*, lograron establecer la idea de que la gestión pública de la sanidad genera un *big government* que desemboca en el comunismo. Y, como siempre, tergiversaciones, medias verdades, rumores, análisis interesados, *fake news* o las mentiras de toda la vida. En su libro *Sin Palabras*, Mark Thompson relataba cómo los republicanos cuestionaron el proyecto de ley de sanidad de Obama. Para denigrarlo, explicaron que era una obligación de los jubilados recibir cada cinco años una sesión de asesoramiento sobre cómo poner fin a su vida. Es evidente que esa afirmación era falsa. Lo que decía realmente era que quienes quisieran pedir asesoramiento profesional sobre "muerte digna" podrían solicitar el reembolso del gasto por parte de la sanidad pública. La candidata Sarah Palin entraría en el debate afirmando su incomprensión ante la exigencia legal de que sus ancianos padres o su hijo con síndrome de Down tuvieran que presentarse ante un "comité de la muerte" para que unos burócratas sin piedad evaluasen su derecho a ser atendidos o no. Claramente, lo único que escucharon muchos americanos de la *Affordable Care Act* de Obama fueron esas mentiras.

Los verdaderos parásitos de la sociedad son, evidentemente, las grandes fortunas que no pagan impuestos gracias a sofisticados entramados jurídicos, a acuerdos políticos (como el que hizo la Unión Europea o Luxemburgo) o a la existencia de paraísos fiscales. Sin embargo, su presencia mediática está teñida de glamour y respeto (es la vinculación creciente entre medios de comunicación y fondos de inversión). Son los parásitos los que dicen que los pueblos del Sur son unos vagos, que los parados son unos vagos, que los enfermos laborales son unos vagos, que los que no llegan a fin de mes son unos vagos.

Este argumento contra la RB es lacerante, pues fragmenta a los trabajadores y desvía el foco de la verdadera responsabilidad. Si desaparece la idea de "derecho", los problemas sociales vinculados al sufrimiento de los pobres quedan relegados a una mera visión asistencial o caritativa. Aquí aparece la gran diferencia que venimos señalando como elemento esencial para reconstruir la izquierda: confiar o no confiar en los seres humanos. Decidir si la cooperación, la amabilidad, la compasión y la ternura tienen espacio en nuestras sociedades. Los avances en neurobiología son fascinantes. Gracias a ellos sabemos que el circuito cerebral del egoísmo es diferente del circuito cerebral de la solidaridad. La meditación abre vías de comprensión cerradas en las sociedades de la prisa y el consumo vertiginoso. La política suele entender la sociedad desde el conflicto –y es correcto como esencia de la política–, pero el conflicto no tiene sentido si no busca con su confrontación ganar la armonía, la empatía, la importancia del otro.

¿Cómo se financia la renta básica? Podemos darle la vuelta. ¿Y si es igualmente importante establecer el "coste de la no renta básica"? ¿No fue eso lo que hizo el Acta Única Europea como paso previo al ahondamiento en la unión? ¿No debiéramos pensar en el ahorro que supondría el descenso de la delincuencia, el menor gasto en represión, jueces, cárceles, la recuperación de talento que ahora mismo se pierde? Es de sentido común que si se privatizan las cárceles, como se está haciendo en Estados Unidos, la reflexión cambia. Pero la privatización de la seguridad colectiva solo se puede pensar como privada en el país donde los fundadores, al igual que todos los senadores actuales, son millonarios. ¿Frenaremos esa tendencia en Europa? La RB la financiamos entre todos y, evidentemente, los que más tienen deben hacer un esfuerzo mayor. Los cálculos están hechos y las cuentas salen.

La renta básica acierta con lo que creo que es el principal problema de fondo que alimenta la indiferencia: el bienestar irresponsable, es decir, el hecho de que, al vivir en burbujas culturales, nos desentendemos de la suerte de los demás. Con la RB nadie se apropia, por acción u omisión, del trabajo de los demás. Su financiación es colectiva y genera derechos y obligaciones. Es decir, sienta las bases de un nuevo contrato social. La discusión sobre una RB es una discusión sobre la dignidad humana que reclama el derecho de todo ser humano a una existencia digna. Es una pregunta adecuada si es cierto que todo ser humano, como defendemos, es sujeto de dignidad. Creo que es incuestionable, porque son los otros los que hacen la vida deseable. Somos lenguaje, intercambio, un ser vivo que necesita del sentido para la supervivencia.

La RB es un derecho social y económico, de la misma manera que actúa como un instrumento para distribuir la riqueza, erradicar la pobreza, terminar con la precariedad laboral y hacer de la vida social un espacio de libertad. La RB es un concepto en lucha, como todos los conceptos políticos. No es un problema técnico aunque sean esenciales las discusiones acerca de su coste, de su ausencia, de sus efectos. Su adopción, como lo fue en su día la jornada de ocho horas, es un problema político.

No vamos a tener en el corto plazo las certezas que tuvimos en el siglo XX. Viviremos en un equilibrio inestable, con nuevas tecnologías desafiando nuestra capacidad de comprensión, con una lucha permanente entre los que defienden el valor de cambio y el beneficio de cada transacción y los que defienden el valor de uso y el beneficio de cada vida. Viviremos con partidos y movimientos, con consumo y con defensa del medioambiente, con municipalismo y supranacionalidad, con horizontalidad y verticalidad política, con ocio y trabajo, con representación y participación. Quizá lo único que no podamos permitirnos es volver a delegar la política. Porque, entonces, quedaremos al margen de las decisiones y caeremos en alguna suerte de nuevo fascismo justificado por el cambio climático, las guerras, las luchas entre civilizaciones, los inmigrantes, las mujeres o cualquier enemigo construido por las minorías. Saber que debemos poner fin a la delegación de la política, que hay que encontrar tiempo para dedicarlo a lo colectivo, a lo común, a lo que es de todos, permitirá recuperar ese diálogo e incorporar al mismo a quienes se quedaron fuera: mujeres, naturaleza, países del Sur, generaciones futuras. La renta básica debe servir para recuperar el control de la política, desarrollar la corresponsabilidad e inaugurar un nuevo contrato social que pueda responder a los desafíos del siglo XXI. Forma parte de las propuestas de la izquierda con mayor perspectiva en el siglo XXI.

Capítulo 8

La izquierda, el 15M y el *populismo de izquierda*: ¿hacia un partido de nuevo cuño?

Podemos: reinventar el espacio antaño llamado izquierda

Podemos nació del 15M, un movimiento ciudadano que canalizó el enfado generado por el modelo neoliberal y el agotamiento del bipartidismo. El movimiento "indignado" recibió el nombre por las urgencias periodísticas de definir lo que estaba pasando. Algunas de las cabezas visibles del movimiento habían leído el libro de Hessel, *¡Indignaos!*, y a falta de mayores referencias, la indignación se convirtió en continente y contenido. El 15M conjuró la deriva de esa rabia, como ha venido pasando en otros lugares de Europa, hacia posiciones políticas de extrema derecha. El 15M –el 15 de mayo de 2011 tuvo lugar la manifestación que desencadenó el movimiento– fue posible por varias causas que confluyeron, como en los cuentos, para que se desencadenaran los acontecimientos: el empobrecimiento de las clases medias por la crisis de 2007; la declaración de ETA del fin de las actividades armadas –en un contexto de violencia, la represión del 15M habría sido asumida socialmente–; el agotamiento del bipartidismo, que había perdido su legitimidad cuando tanto el PP como el PSOE, en un plazo que no permitía el olvido, demostraron su incapacidad para recuperar la democracia que estaba arrasando el neoliberalismo; y la existencia de una nueva generación a la que se le negaba el ascenso social.

El 15M tuvo éxito en canalizar la frustración de las mayorías principalmente por cuatro razones: la falta de memoria del movimiento (no miraba al pasado para no generar diferencias sobre la lectura del franquismo y la dictadura y se mostraba igualmente alejado del pasado del gran partido de la derecha como del gran partido de la izquierda); la ausencia de liderazgo (que rompía con la lógica de los partidos cartelizados que se sostienen en un líder alejado de las bases); la ausencia de estructura formal (que permitía una suerte de compromiso *prêt-à-porter*, esto es, la incorporación espontánea cuando se quisiera ir a las plazas sin mayor responsabilidad) y la ausencia de programa (que permitía que cualquier demanda pudiera verse expresada, o al menos no rechazada, en la queja abstracta de la protesta). Paradójicamente, esos cuatro elementos fueron los que hicieron languidecer el movimiento. Funcionó con eficacia como proceso "destituyente" (de ahí su semejanza con el populismo expresado por Ernesto Laclau en *La razón populista*), pero la ausencia de memoria, liderazgo, estructura y programa terminó por debilitar su capacidad para convencer como propuesta alternativa de gobierno y para hacer de su nueva semántica una gramática alternativa. En las elecciones de diciembre de 2015, todavía quince millones de españoles votaban a partidos tradicionales, frente a seis millones que apostaban por opciones transformadoras.

Al operar como "cambio de relato", el 15M desactivó en las elecciones generales de noviembre de 2011 al votante de la izquierda tradicional y movilizó, al contrario, al votante conservador, con el resultado igualmente paradójico de una mayoría absoluta del Partido Popular con apenas el 30 por ciento de los votos.

Tres años después del 15M, la aparición de Podemos, una formación impulsada por profesores de Ciencia Política y Sociología de la Universidad Complutense de Madrid, vino a continuar ese proceso de transformación. Podemos se reclamaba heredero del 15M, pero insistía en que no era identificable con él. Principalmente, porque manifestaba una "voluntad de poder" que lo llevaba a presentarse a las elecciones y pugnar por alzarse con espacios institucionales.

Podemos nació por la apertura de una "ventana de oportunidad" bien leída por sus impulsores[2]. El agotamiento del bipartidismo era un hecho que empezaban a recoger las encuestas. La sustitución del PSOE

---

[2] Aun siendo difícil de ponderar, los vínculos de amistad y afinidad entre los fundadores de Podemos, así como entre los primeros impulsores (muchos habían estudiado en la facultad de Ciencias Políticas y Sociología de la Universidad Complutense de Madrid) hizo claramente más sencillo el esfuerzo inicial de poner en marcha un partido de la nada. Sin embargo, esa condición de amistad sirvió también para que, una vez formado el partido, no siempre se asumiera la subordinación a la Secretaría General por parte del resto del equipo fundador.

por el PP y viceversa había operado de manera tal que ya no había un trasvase de votos entre ellos. Se había roto el canal que llevaba a que los votos que perdía uno los recogiera otro y pudiera gobernar. En ese momento, Izquierda Unida –la formación que habían impulsado el PCE y otras fuerzas alternativas– podía intentar recoger el descontento. Pero le venció la burocracia y optó por reforzar los aparatos internos. El freno de un proceso de confluencia política y social que estaba en marcha en 2013 y su rechazo a someter a primarias la lista de las elecciones europeas de 2014 fue determinante para el nacimiento de Podemos. Había otros dos elementos de relevancia. Por un lado, la existencia del Frente Cívico "Somos Mayoría", una organización impulsada en 2012 por Julio Anguita, fundador de Izquierda Unida, que abogaba por crear una fuerza política al margen de los partidos. En el Frente Cívico estuve personalmente muy implicado. Junto con Julio Anguita publicamos un libro de conversaciones, *Más allá de la izquierda*, donde dábamos cuenta del agotamiento de la política tradicional, al igual que de la necesidad de inventar nuevas fórmulas. En el libro *Curso urgente de política para gente decente* intenté recoger, ya en 2011, una lectura crítica del momento político que auguraba igualmente el agotamiento del modelo. El Frente Cívico proponía un acuerdo de mínimos contra la crisis que permitiera la transversalidad más allá del eje "derecha-izquierda" y mucho más allá de los partidos parlamentarios. La implantación del Frente Cívico en el conjunto de España iba a prestar una base territorial que Podemos iba a utilizar, sumada a la que brindaba otra formación que estuvo desde el principio en la creación de Podemos, Izquierda Anticapitalista, una fuerza trotskista vinculada a la IV Internacional.

El último factor esencial era el auge mediático alcanzado por Pablo Iglesias, el más conocido de los fundadores de Podemos. Pablo Iglesias (nacido en Madrid en 1978) había empezado presentando *La Tuerka*, un programa de debate político realizado en una televisión local de Vallecas que se veía principalmente por Internet y que empezó a tener gran predicamento entre sectores jóvenes. De ahí saltó a medios televisivos en abierto de escasa difusión, especialmente de la extrema derecha, desde donde fue convocado a las tertulias políticas de máxima audiencia hasta convertirse en una figura mediática con una gran influencia. La izquierda clásica, valga recordarlo, siempre criticó que los portavoces de Podemos fueran a esos programas, pues entendía que así se aumentaba la audiencia de esos canales.

El contexto de las elecciones europeas de mayo de 2014 permitía probar fortuna electoral sin caer en las acusaciones –dañinas en términos de votos– de "dividir a la izquierda", ya que este tipo de elecciones no concitan un gran interés popular (la abstención en España en las elecciones europeas de 2014 fue del 54,16 por ciento). En esas elecciones, Podemos consiguió 1,2 millones de votos y el 7,97 por ciento del total. En las elecciones generales de diciembre de 2016, sumó el 20,66 por ciento y 5.130.283 votos, lo cual lo convirtió en apenas dos años en la tercera fuerza política, a trescientos mil votos del PSOE, fuerza hegemónica en la izquierda desde la recuperación de la democracia. La convocatoria de unas nuevas elecciones en junio de 2016, al no poder formarse Gobierno, se hizo con una alianza con Izquierda Unida y mantuvo a la coalición como tercera fuerza política en España. En ninguna de estas elecciones Podemos pidió dinero a los bancos y se financió con préstamos de la ciudadanía que después devolvió.

Podemos irrumpió con un discurso que enfatizaba la "voluntad de ganar", algo que contrastaba con la actitud tradicional de la izquierda poscomunista que se contentaba con arrastrar hacia posiciones más críticas al PSOE. El apoyo de Unidos Podemos al PSOE en la moción de censura que llevó a Pedro Sánchez al Gobierno (junio de 2018) reabrió esa discusión, aunque es cierto que las "líneas moradas", planteadas por Unidos Podemos al PSOE, tenían como finalidad construir un mensaje de "cogobierno" y no servir de mero apoyo. Igualmente, lanzó un discurso que reclamaba la transversalidad, esto es, apelaba a los damnificados por la crisis en vez de apelar a ideologías preconcebidas. Podemos afirmaba que el eje "izquierda-derecha" ya no funcionaba, no porque no existiera la derecha política y social, sino por la difuminación de la izquierda y la polisemia del concepto. Un ejemplo repetido insistía en que cuando alguien era desahuciado o despedido nadie le interrogaba si era de derechas o de izquierdas o a qué partido había votado. De hecho, ese eje solo servía para que el PSOE se reforzara ocupando el espacio de la izquierda y el centro-izquierda, y el PP la derecha y el centro-derecha, de manera que quien entrara en el sistema de partidos tenía necesariamente que ubicarse en los extremos, sacrificando el espacio ganador de la centralidad (no exactamente del centro, sino de la lectura del espacio amplio del sentido común hegemónico). Si había cambios en los contenidos, también los había en los medios, con la incorporación de las redes sociales a las campañas, así como con la apuesta por irrupciones novedosas en la política que lograban hacerse virales. La eficaz campaña en televisión de los portavoces, la hegemonía en las redes sociales, especialmente Facebook y Twitter –inédito en la política española– y actos multitudinarios diferentes (en enero de 2015 se concentraron en la Puerta del Sol de Madrid más de 300.000 personas en una convocatoria de Podemos que no reivindicaba nada, sino simplemente "la alegría de contarnos") rompieron el silencio tradicional al que se condena a las nuevas formaciones políticas en los sistemas cartelizados.

Conocedores de las insuficiencias de los partidos políticos, desde Podemos se diseñó un modelo de partido con dos vectores: uno electoral y jerárquico y otro igualitario, espontáneo y deliberativo. El vector electoral, con gran presencia mediática de sus líderes, jerárquico, con un poder ejecutivo con muchas prerrogativas (otorgadas en el congreso del partido donde hubo una discusión con quienes planteaban un modelo más participativo y "menos leninista"), se concibió para ganar elecciones y permitía a la Ejecutiva (configurada por once personas) tomar un gran número de decisiones, incluida la de alterar el orden de las listas elegidas obligatoriamente por procesos de primarias.

Podemos nació en una coyuntura electoral donde en el plazo de dos años se concentraban cinco procesos electorales en España: europeas, locales, diferentes comicios autonómicos y generales. La "locomotora electoral" terminó devorando parte del segundo vector, el igualitario, espontáneo, deliberativo, encargado de la *accountability* horizontal y responsable de la relación entre el partido y los representantes y la sociedad. En este segundo vector, configurado por los "círculos", era esencial que se saliera de lo que generaba fricciones en los partidos tradicionales: la elección de los cargos públicos. Para ello, se convocaron, por estatutos, primarias abiertas a cualquier persona que quisiera inscribirse. De esta manera, se pretendía que la elección de los candidatos recayese en la ciudadanía, rompiendo con el maleficio que llevaba a que los candidatos elegidos por los partidos terminaran pareciéndose demasiado a los propios partidos y no a la gente común. Esa decisión sirvió para que los círculos se volcaran en las campañas electorales y no en las discusiones internas. Sin embargo, cuando hubo que elegir a los órganos del partido a partir de 2015 (secretarios generales en las comunidades autónomas y en los municipios, así como consejos ciudadanos autonómicos y consejos ciudadanos municipales), se repitió la experiencia de fractura que siempre ha caracterizado a los partidos políticos. Michels volvía a ganar la partida. Los problemas de organización y tensiones de poder propias de todas las organizaciones humanas llevaron a la primera gran crisis real de Podemos, zanjada con la destitución del secretario de Organización en marzo de 2016. Esta crisis interna sería utilizada por los medios y los demás partidos para intentar provocar una ruptura interna y facilitar la abstención de Podemos en la elección de la presidencia del Gobierno. Con esa abstención sería posible alcanzar la mayoría suficiente para formar un Gobierno entre el PSOE y un nuevo partido de derecha liberal, Ciudadanos, nacido precisamente para contrarrestar el auge de Podemos. El intentó fracasó, pese a las muchas presiones y el apoyo a ese Gobierno por parte del sector representado por Íñigo Errejón, en ese momento número 2 del partido. Las bases de Podemos votaron mayoritariamente en contra y los medios de comunicación volvieron a perder un pulso contra Podemos. Al final, hubo que convocar nuevas elecciones seis meses después.

Si se consideran los desafíos de la nueva política en el marco que hemos delimitado de agotamiento del marco político neoliberal, los problemas de Podemos se resumen en tres ámbitos muy relacionados: (1) qué respuesta había que dar a la desafección ciudadana nacida del 15M; (2) qué tipo de partido se quería construir y; (3) qué idea de transversalidad se asumía respecto del sujeto del cambio en aras de construir un proyecto diferente de país.

Respecto a la respuesta al alejamiento ciudadano de la política, se enfrentaban dos grandes discusiones: representar el enfado ciudadano expresado el 15M o aprovechar esa *indignación* para reconducirla hacia posiciones políticas más transformadoras y no meramente "recuperadoras" del *statu quo* previo a la crisis económica de 2008. El 15M era un movimiento que alcanzó una enorme simpatía porque abrazaba tanto a los damnificados tradicionales de las políticas del capitalismo como a las nuevas víctimas de clase media que pasaban a engrosar las filas "proletarizadas". La ruptura de la brecha generacional y su capacidad para adaptarse a las especificidades de cada territorio ayudaron también a que sus propuestas alcanzaran hasta el 78 por ciento de aceptación popular.

Al producirse los cambios económicos en un breve lapso de tiempo (la crisis arranca en 2008 y la reforma constitucional neoliberal del artículo 135 fue en verano de 2011), se generó un malestar ciudadano que permitió el cambio de relato respecto de la inevitabilidad y moralidad del relato neoliberal. Dicho en otros términos, una parte no cuantificada del 15M no estaba en contra del sistema, sino en contra de los "excesos del sistema", esto es, de la exclusión, de las desigualdades evidentes, de la corrupción y la sensación de amenaza. Representar tácticamente a los indignados desde la crítica a los "excesos del sistema" tenía un problema estratégico: era mucho más sencillo que viniera una fuerza política de la derecha a representar ese ámbito –con la ventaja de que no exigiría nada novedoso a cambio–, además de que generaba unos apoyos que eran volátiles. Por otro lado, reconducir el enfado ciudadano hacia posiciones más comprometidas con la construcción de "democracias de alta densidad" implicaba ahondar en un programa alternativo.

Este debate puede expresarse como una discusión entre las propuestas de Ernesto Laclau y de Boaventura de Sousa Santos. Según la hipótesis populista de Laclau, se trataría de construir un "ellos" –siguiendo el ejemplo italiano, se los denominó "la casta"– y un "nosotros" –un pueblo en construcción–, polarizando la situación en torno a un liderazgo que se vaciaba de sus demandas iniciales concretas, para facilitar una cadena de equivalencias donde cualquier desafección con el régimen pudiera encontrar acomodo simbólico en el "significante vacío" representado por el líder. El ejemplo argentino por excelencia es el de una mujer que quiere abortar y cuando se lo impiden hacerlo en el hospital, se marcha enfadada y, dando un portazo, grita: "¡Viva Perón!". Su demanda insatisfecha se suma a un referente con capacidad de agregar todas las decepciones políticas.

La necesidad de vaciar las demandas y no molestar a nadie para sumar más "pueblo" lleva a construir un relato solamente con "marcos ganadores", de manera que queda fuera del discurso todo aquello que sea controvertido. Durante las elecciones europeas de 2014 se generó una polémica porque en una escuela de verano de Podemos, donde se formaba a candidatos, Carolina Bescansa, una de las fundadoras de Podemos, planteó que no se debía hablar en campaña del aborto, pese a que el Partido Popular en el Gobierno pretendía una reforma que retrocedía treinta años ese derecho. El argumento esgrimido era: "No es un marco ganador". Se generaron protestas de sectores feministas, lo que provocó finalmente un desmentido por parte de Podemos.

La que llamamos "hipótesis Santos" se puede expresar en términos de su sociología de las ausencias y su sociología de las emergencias y, más en concreto, en la idea de la traducción. No se trata de que las demandas se vacíen para poderlas sumar, sino de ayudarlas a traducirse entre ellas a la búsqueda de una sintonía política y una empatía fraterna marcada por la superación de las causas que han generado las demandas. Igual que se gobierna con bloques históricos, donde las elites incorporan a clases medias y sectores populares y los hacen partícipes de la legitimación del sistema político, para la construcción de alternativas es importante construir ese nuevo bloque histórico que nace de una lectura superadora del *statu quo* que permitirá satisfacer las demandas de los que impugnan lo existente. No se adapta a la hegemonía vigente, sino que parte de ella para desbordarla. Es verdad que no escogemos las circunstancias de nuestras luchas, pero tampoco nos doblegamos a las circunstancias que dicta lo existente. Trabajar con lo que hay es una señal de realismo, no de renuncia.

La hipótesis populista de Laclau, desde esta perspectiva, tiene tres problemas. Por un lado, su condición transitoria. Solo sirve en el momento destituyente, pero no en el constituyente, al desideologizarse. Por esa condición adaptativa, no hace pedagogía de la confrontación necesaria para superar el marco neoliberal. No hace su parte. En segundo lugar, no tiene herramientas para confrontar con el populismo conservador, y despliega una alfombra roja a formaciones que, compartiendo la crítica a lo existente, no generan intranquilidad en los mercados ni en el *statu quo* social. Es lo que ocurrió en España con el surgimiento de Ciudadanos. Este partido nace de la reconversión nacional de un pequeño partido catalán. Fue impulsado mediática y económicamente después de que el presidente del Banco de Sabadell expresara la necesidad de "un Podemos de derechas". En las elecciones generales de 2016, Ciudadanos alcanzó 40 diputados y se convirtió en la muleta potencial del viejo bipartidismo. Pero Ciudadanos no nació porque el Partido Popular hubiera dejado de ser de derechas, sino por la pérdida de votos conservadores por culpa, principalmente, de la corrupción. En tercer lugar, la hipótesis populista expresada por Laclau (pensada para el contexto latinoamericano del siglo XX) no explica las dificultades de los gobiernos a la hora de hacer políticas públicas que hagan frente a algún poder existente. Por un lado, esos asuntos no habrían estado en la agenda política (la ciudadanía puede sentirse estafada al no habérsele advertido de esas intenciones) y, por tanto, no se ha generado debate social. Además, es más sencillo que, al no haberse priorizado, queden fuera de la gestión de un Gobierno de cambio que va a recibir necesariamente muchas presiones y tendrá que escoger qué problemas enfrentar.

El tipo de nuevo partido que puso en marcha Podemos oscilaba entre la creación de una "maquinaria de guerra electoral" que priorizara las elecciones y el trabajo institucional o un partido de novísimo cuño que primara la participación como requisito esencial para cambiar el sentido común. Pero no se trata de optar entre uno y otro, sino de sincronizar esos dos momentos. Los partidos políticos, como el parlamentarismo, son realidades del siglo XIX que siguen operando con principios periclitados como la prohibición del mandato imperativo y siguen legitimándose con realidades que ya no se cumplen. Todos estos elementos ya estaban superados en las últimas décadas del siglo XX en lo que Manin llamó "democracias de audiencia". Existiendo la posibilidad de la democracia electrónica, las consultas populares pueden ser más fluidas. Los cambios en las comunicaciones permiten compartir información de manera más amplia. Es cierto que en la democracia la deliberación es tan importante como la decisión, pero no parece sensato seguir manteniendo realidades nacidas cuando se viajaba en carreta.

La pelea entre "táctica" y "estrategia" latente entre la "hipótesis Santos" y la "hipótesis Laclau" cobra nuevos bríos en la organización interna de un partido que quiera superar la cartelización propia de las organizaciones políticas. Se trata de escoger entre un partido al servicio de un liderazgo vertical (que se justifica como la táctica necesaria para lograr una mayoría electoral), o bien un movimiento sociopolítico con mayor nivel de complejidad. Es decir, que aúne las obligaciones representativas propias de la partidocracia (tarea que corresponde a los órganos de dirección, a los consejos ciudadanos del partido y a los cargos políticos electos), junto a la politización y condición autónoma y autogestionada de esa parte "no partido" del partido (esto es, en el caso de Podemos, los círculos). La cartelización implica la dependencia del liderazgo, la desideologización del partido, la financiación pública y privada (no a través de los militantes), la funcionarización del partido, la dependencia de los medios de comunicación y, sobre todo, la asimilación al sistema en un juego democrático donde siempre se mantiene parte del poder institucional ya que el que gana no lo gana todo y el que pierde no lo pierde todo.

Los círculos, para salir de las cárceles estructurales de la cartelización política, deberían funcionar con la lógica de la subsidiariedad, es decir, que debieran tener autonomía en la gestión de su trabajo, al tiempo que deben recibir la asistencia de la parte más orgánica, en términos de financiación y apoyo. Le corresponde a ese ámbito de "no partido" el control político desde debajo del ámbito de partido. Esto solo es posible desde una lógica que rompa con la profesionalidad en la política y establezca una limitación de los mandatos (en el caso de Podemos, según los estatutos del partido ningún cargo puede estar en el mismo más de dos legislaturas). Es evidente que la máxima democracia es inoperante en términos de eficacia (lo que generó la decadencia del 15M), pero no es menos cierto que en el medio plazo la primacía de la eficacia termina colapsando si no se mantiene la politización que solo se logra con la deliberación horizontal y la participación igualitaria. Algunos círculos pueden pervertirse, pero, de la otra manera, es la organización la que está estructuralmente pervertida.

La idea de la transversalidad, por último, es rehén igualmente de la discusión entre táctica y estrategia. Desde la hipótesis populista y desde la defensa del modelo de partido como "maquinaria electoral", la transversalidad se convierte una vez más en la probabilidad de representación del malestar ciudadano. Pero, una vez más, tiene problemas. En primer lugar, la expresión de la transversalidad como un discurso armado a partir de un mínimo común compartido socialmente puede terminar por desideologizar el discurso, al tiempo que sacrifica la posibilidad de que las nuevas generaciones cobren conciencia política (¿quién construye desde la izquierda el polo ideológico si el partido solo busca una transversalidad centrista?). En segundo lugar, rechaza la discusión acerca de cómo se han construido las preferencias sociales que se quieren representar asumiendo implícitamente una moderación en los comportamientos acorde con la propia moderación social. Esta táctica sin estrategia deja fuera del debate, por ejemplo, asuntos como el reparto del empleo o el de la democracia en el lugar de trabajo, que se quedan fuera con el objetivo de llegar al mayor número de gente. Pero nadie duda de que las nuevas formaciones deban moverse en la transversalidad. Podríamos diferenciar entre una "transversalidad complaciente" y una "transversalidad crítica". La primera renuncia a cualquier referencia a luchas pasadas, postulando una etapa radicalmente nueva que quiere construir el "sujeto pueblo" simplemente a través del discurso (como si los efectos performativos del lenguaje fuesen permanentes[3]). La "transversalidad crítica" rompe con la idea nuclear de que el sujeto del cambio es la clase obrera organizada, así como con la idea de que una única fuerza política puede llegar a representar a toda la gente que trabaja. Esta segunda idea de transversalidad busca salir de etiquetas que fragmenten la base social usando categorías agotadas. Pretender alianzas electorales guiadas por la búsqueda de "mayorías de izquierda", hablar exclusivamente a "la clase trabajadora", anclar las referencias en modelos que remiten al socialismo del siglo XX, construir formaciones políticas que sean meros agregados de siglas ("sopas de siglas"), armar una política resistencialista que busca alguna forma de "regreso al pasado" son fórmulas que abundan en el fragmento y que deben ser superadas si se quiere tener éxito electoral (y, desde la caída de la URSS, están fuera de cualquier lógica las soluciones que no sean electorales).

Onda y partícula, partido y movimiento: contra el desperdicio de la experiencia

Partiendo de la misma conclusión –que no existe un sujeto único de transformación social y, aún menos, que pueda postularse su existencia sobre la base de un universalismo esencialista como el que señalaba el marxismo mecanicista–, la pregunta acerca de la construcción de una identidad política capaz de ser portadora de legitimidad es una cuestión por resolver a la hora de valorar la posibilidad de la transformación social. Es evidente que la construcción de una identidad pasa por un discurso que tenga la capacidad "performativa" –que el lenguaje construya realidad– para colocar todas las demandas sociales en el mismo lado de la frontera entre la inclusión y la exclusión y para convertir esa exclusión en un antagonismo contra el poder existente. En otras palabras, se trata de trazar una línea entre los que ven sus demandas insatisfechas y los

---

[3] Un cartel que diga "cuidado con el perro" solo funciona, y si es el caso, durante un tiempo.

que impiden que esas demandas se satisfagan. Ese antagonismo sirve de cemento social y en ese proceso se construye un nuevo sujeto político. En Laclau, el significante que va a convertirse en hegemónico tiene que vaciarse. Ese vaciamiento es necesario para permitir una cadena de equivalencias, pues, de otro modo, no se podrían representar todas las demandas. El problema es que todos los vaciamientos implican una "claudicación parcial" de las demandas particulares. Y esa claudicación, sumada a las pequeñas claudicaciones camino de buscar el mínimo común sobre el cual construir un "nosotros" y un "ellos", termina por difuminar las luchas y debilitar los esfuerzos. Sería, usando las palabras de Santos cuando realiza la crítica de la modernidad capitalista, un "desperdicio de la experiencia".

En la perspectiva de Laclau, al igual en las propuestas populistas, sean de derecha o emancipadoras, el proceso que suma demandas particulares para construir una identidad que porte la posibilidad de la transformación es vertical. Va de las demandas concretas al "significante vacío" que suma el conjunto. Es la demanda con capacidad de convertirse en hegemónica –el liderazgo populista– la que define la identidad política, que viene ya determinada o será definida por el propio liderazgo. El riesgo de que se desperdicie la experiencia, como hemos visto, es muy alto. Establecer la construcción del sujeto pueblo sobre la base del discurso implica una lectura incorrecta de Gramsci, pues separa la construcción de hegemonía de la revolución y de la lucha. Se convierte así en una mera táctica electoral que no puede construir un nuevo sujeto porque no confronta la nueva identidad con ninguna realidad material. Si las contradicciones no se elaboran en profundidad, su mero rechazo desde el sistema difícilmente generará una conciencia que puede sumarse a una nueva hegemonía. Si quieres afirmar, desde ese error, la plena autonomía del discurso, tienes que negar que exista una base objetiva material. Citas a Gramsci pero no has entendido a Gramsci. Las contradicciones con capacidad de generar una hegemonía alternativa necesitan una base material.

Es precisamente esta dificultad para definir y controlar la identidad desde el mero discurso lo que lleva a militarizar las organizaciones políticas populistas para unificar teóricamente las definiciones y detener cualquier "disidencia". Lo que es sensato –hacer sacrificios en los intereses de la mayoría para facilitar su posterior defensa construyendo un nuevo bloque histórico– se convierte en una renuncia hueca que busca compensarse con una organización férrea y muy disciplinada. Si algo que podríamos llamar "leninismo amable" sería una fórmula que busca rebajar la incertidumbre social a través de la construcción de liderazgos nacidos de las luchas concretas, basada en el principio zapatista de "mandar obedeciendo", la hipótesis populista finalmente deviene en una suerte de leninismo nada amable. El nuevo sujeto político, formado y conectado, no soporta el funcionamiento tradicional de los partidos.

Por el contrario, en la propuesta de Santos, el proceso de construcción de una alternativa también es alternativo (por tanto, rompe la selectividad estratégica del Estado encadenada al viejo modelo) y construye una "inteligibilidad mutua" entre las diferentes demandas que se traducen entre sí en condiciones de igualdad. Es en esa tarea de traducción entre demandas donde se explora la capacidad de combinación y la identidad alternativa que surja no está definida *a priori*. Una propuesta, la de Laclau, está guiada por un *tacticismo arrogante*, mientras que la propuesta de Santos apunta a una *voluntad estratégica humilde*.

En términos prácticos, la propuesta de Laclau lleva a primar el aparato del partido, hace de la moderación del discurso una clave dedicada a la construcción de mayorías, rechaza las luchas pasadas que no son hegemónicas e invita a un malestar difuso y blando que permita sumar. Pero ahí demuestra su enorme debilidad: es coyuntural y transitorio, apenas justificado con argumentos de *Blitzkrieg*, de guerra relámpago (pretendiendo que el proceso de acceso al poder puede y debe ser vertiginoso), recurre a la emocionalidad para suplir la falta de compromiso programático (su apelación a la "emoción de la pertenencia" se aproxima a los planteamientos nacionales de la extrema derecha populista), no permite que arranque un nuevo ciclo de profundización democrática al trabajar exclusivamente con los consensos existentes, incumple las promesas generales y abstractas de renovación al no poder realizar los cambios por falta de apoyo popular y, en definitiva, una vez más, desperdicia la experiencia. Sus probabilidades de alcanzar el cambio se ven frustradas al no generar un pueblo con capacidad de apoyar al Gobierno más allá de lo electoral, de manera que el riesgo de llegar al Gobierno y no alcanzar parcelas reales de poder es muy alto; de este modo, el ejercicio del poder deriva en pactos y concesiones a la vieja política, sacrificando con ello el ánimo simbólico de lo nuevo al renunciar a la verdad como un territorio propio de la política emancipatoria. En conclusión, corren el riesgo de convertirse en una mera sustitución de elites políticas.

La pérdida de marcadores de certeza en el siglo XXI nos obliga a repensar el orden social. Dios, el trabajo, la nación, las ideologías, las tradiciones, la familia monoparental no se terminan de marchar, pero ya no cumplen su función de agregación social del siglo pasado. Sin olvidar que el perfil que adquirieron esos ámbitos fue porque vencieron a otros desarrollos alternativos (de ahí el tipo religioso, laboral, familiar, tradicional, etc., que exista en cada comunidad). No solamente no terminan de marcharse, sino que aquello que puede sustituir los aún no se han consolidado. Eso nos obliga a varias tareas.

En primer lugar, a analizar qué desarrollos fueron imposibilitados en el pasado por si ahí encontráramos posibilidades virtuosas (Santos lo llama, como decíamos, "sociología de las ausencias"). En segundo lugar, debemos estar muy atentos a todo lo nuevo que porta promesas emancipatorias, por si fueran modelos de futuro igualmente virtuosos ("sociología de las emergencias", en la expresión del sociólogo portugués). En tercer lugar, debemos asumir que en este momento de crisis, en el que todo está reubicándose, debemos entender que vamos a vivir experimentando, cabalgando contradicciones, haciendo cierto el mandato de Simón Rodríguez de "inventamos o erramos", pero, al mismo tiempo, siendo conscientes de la amenaza de que los errores de los ensayos sean usados por la reacción para tumbar cualquier experiencia de cambio.

Este doble vector permanente, que sabe que en las nuevas síntesis va a estar parte de la tesis y de la antítesis, tiene como única vacuna el diálogo permanente. En política, la izquierda tiene que vivir de manera partidista y movimentista, asumiendo, a través de un "pensamiento humilde", que en la crisis civilizatoria actual lo viejo, aunque inservible, aún pugna por existir, mientras lo nuevo, promisorio, aún no ha demostrado su capacidad. Mientras las nuevas certezas se consolidan, la solución tiene que ser dinámica. Las formaciones políticas deben ser al tiempo, insistimos, como la luz, "onda y partícula", locales y globales, ecologistas y garantes de recursos, intuitivas y racionales, rigurosas y flexibles, asumiendo que todas las reivindicaciones van a estar en conflicto y que, por tanto, hay que convertirlas en sucesos dialogables donde participen las mayorías no solo en la decisión, sino, sobre todo, en la deliberación, lo que obliga a sentar las bases que hagan posible una amplia discusión democrática. La solución no va a estar en el corto plazo en ningún extremo de los conflictos ligados a las soluciones. No se trata de encontrar un punto medio, como recordábamos con Habermas, entre el nazismo y los judíos o, decimos nosotros, entre el terrorismo financiero y los desahuciados. Se trata de brindar ese diálogo entre las prácticas y los discursos en pugna: entre el partido y los movimientos, entre el municipalismo y el Estado, entre el Estado y la internacionalización, entre el consumo y la sostenibilidad, entre el liderazgo y la participación, entre la especialización y la interdisciplinariedad, entre las tradiciones y el progreso, entre la autorregulación y la regulación pública, entre la propiedad privada y los bienes comunes, entre los intereses particulares y los intereses generales, entre la vanguardia y la retaguardia. Todas estas discusiones deben ser cabalgadas como contradicciones o "tensiones creativas" (en expresión de García Linera), usando las lógicas movimentistas, pero desde el control de las instituciones.

Para esto es esencial la construcción de partidos políticos de nuevo cuño, marcados por la biodiversidad –la monogamia, insistimos, hace que una enfermedad acabe con toda la comunidad–, que acompañen con una nueva lógica institucional –la subsidiariedad construida desde una perspectiva global– a las nuevas lógicas sociales que permitan una sociedad poscapitalista. Estructuras que se desborden a sí mismas al tiempo que mantengan las razones profundas del orden. Un Estado que se hace menos Estado –por ejemplo, entregando a la sociedad civil parcelas para la autoorganización, para mantener lo común vivo y en forma–. ¿No es eso, al cabo, el modelo ideal del Estado social, democrático de derecho? Hay una estructura estatal que debe funcionar pero, al tiempo, debe ser constantemente desafiada por la ciudadanía, que es la que vive los problemas sociales. Las instituciones que se oxidan se convierten en cárceles. Corresponde a la ciudadanía, siempre, tener las llaves de las cárceles, una lija para arrancar el óxido y, llegado el caso, el teléfono de una empresa de demoliciones.

Capítulo 9

¿Por qué a la izquierda le cuesta tanto gobernar? La selectividad estratégica del Estado y la desventaja de la izquierda

Frecuentemente, nosotros mismos le hacemos el trabajo al Estado por medio de nuestra vida interior. Lo que muchas veces creemos que pertenece a nuestras capas más íntimas y a nuestra vida emocional ha sido producido en otro lugar y se ha reclutado para hacer el trabajo del racismo y la represión.

Angela Davis

Una vieja pregunta renovada

Dicen los optimistas que vivimos en el mejor de los mundos posibles; los pesimistas dicen que seguramente los optimistas tienen razón. Y Steven Pinker remata en *En defensa de la Ilustración* afirmando que vivimos en el mejor mundo que nunca haya existido. No le falta razón si consideramos las cifras mejoradas de pobreza, el aumento espectacular de la esperanza de vida, los avances en salud –con las vacunas como una mejora asombrosa–, la extensión de la educación –incluida la alfabetización–, la caída de la mortalidad infantil, el aumento de la población que vive en democracias, el menor número de víctimas civiles en guerras y masacres –pensemos en la suerte de Armenia a comienzos del siglo XX, las matanzas de Inglaterra en la India, la Segunda Guerra Mundial, el holocausto de los nazis, las hambrunas provocadas por políticas erradas en China durante el Gran Salto Adelante o en la Unión Soviética de Stalin–. Los avances económicos y sociales en China y en la India, así como las ochenta millones de personas que salieron de la pobreza con los gobiernos de cambio en América Latina son determinantes en estas grandes cifras, aunque África sigue siendo el continente olvidado. Está bien celebrar esos avances porque si existen es porque las mayorías en esos países han presionado para que los frutos de la vida colectiva se distribuyan. La mirada crítica, la tarea pendiente y las amenazas en ciernes no deben nublar las victorias.

En cualquier caso, es cierto que algunas cuestiones quedan sin responder en ese panglossiano análisis del mejor de los mundos posibles: ¿por qué nos sentimos tan amenazados? ¿No hay riesgos en el horizonte más cercano que apuntan a que se pueden perder de golpe todos esos avances? ¿No será, quizá, que hemos vivido en un paréntesis que estamos perdiendo? ¿No son los mismos que ayer estaban en contra del Estado social los que hoy dicen que el desmantelamiento del Estado social es la política correcta y que hay que recortar para salvaguardar lo ganado? ¿No ha supuesto la guerra de Irak en torno a un millón de víctimas, la mayoría civiles? ¿No son la guerra en Siria y los millones de refugiados una catástrofe inimaginable? ¿Cómo se miran con optimismo los 200.000 muertos por la violencia del narco en México en la última década? ¿Y los feminicidios en todo el mundo? ¿No es cierto que al tiempo que disminuyen las desigualdades mundiales aumentan las desigualdades en sitios donde parecía que los derechos sociales eran irreversibles? ¿No es suicida tener una visión optimista ilustrada sobre el medioambiente cuando el calentamiento global es un hecho que está desertizando a una velocidad de vértigo el planeta? ¿Cómo se mide en la idea de progreso la esclavitud de millones de personas que fueron sacadas de África? ¿Y el trabajo gratuito eterno y universal de las mujeres?

Hay –señala Doménico Losurdo en *La izquierda ausente*– una relación inversamente proporcional entre el acomplejamiento de la izquierda y los excesos de la derecha. Una derecha que, como decía Miguel Hernández, caga y donde caga coloca una fecha. ¿Tiene que asentir arrobado a ese acontecimiento ese espacio antaño llamado izquierda? El pesimismo es señalado –y a menudo con razón– como derrotista y propio de izquierdistas resentidos. Pero el optimismo es una forma sofisticada de control social. Sonreír porque viene en el contrato se ha convertido en un rapto de la intimidad (hay cadenas norteamericanas de hamburguesas que obligan por contrato a sus empleados a sonreír a los clientes). La risa enlatada en los códigos de la sociedad *happy* es tan falsa como la responsabilidad social corporativa de los bancos o el compromiso con el agua potable de Coca-Cola.

Hay procederes que claramente han involucionado. Hace veinticinco años hubiera sido imposible el comportamiento de Arabia Saudí en Oriente Medio, ayudado por las potencias occidentales; lo mismo con el control financiero del mundo por los grandes bancos, con la arrogancia suicida del presidente de Estados Unidos (no solo las locuras de Trump, sino la lista diaria de "terroristas" que ejecutar confeccionada por Obama). Cualquier demócrata mira hacia atrás y apenas puede explicar el porqué del desmantelamiento de los derechos sociales en Europa, del incremento de las conductas antisindicales, del triunfo del capitalismo patrimonial vía herencia familiar y no por el mérito individual, de la multiplicación de la población carcelaria, del auge de partidos que reclaman el fascismo y el nazismo, del incremento brutal de las desigualdades, de la normalización de la corrupción y la incorporación de las mafias a la "gobernanza global", del empeoramiento de las condiciones medioambientales, del incremento de la manipulación, de la deshumanización del Mediterráneo convertido en un cementerio o del regreso de las guerras coloniales. No porque esas cosas no hayan existido siempre ni porque la derecha muestre una especial sensibilidad democrática en algunos momentos de la historia. Se trata simplemente de la correlación de fuerzas, especialmente en un momento en el que la izquierda socialdemócrata coincide en las grandes líneas políticas con la derecha. Ese actuar siempre ha estado ahí. Lo que ocurre es que ahora a la derecha le resulta más sencillo provocar esas situaciones, porque ni desde la política ni desde los medios se frena ni afea ese comportamiento. Los ricos no están preocupados por la salud del mundo, sino por si serán capaces de lograr que sus mercenarios los obedezcan después de la catástrofe o si les dará tiempo a que sean robots quienes los cuiden de la "agitación social". Son herramientas que están en los polvorines del Estado.

Hay una gran diferencia entre las dos grandes ideologías: la derecha usa esas herramientas cuando está en el Gobierno y cuando está en la oposición. La izquierda apenas empieza a saber que existen cuando le dejan ganar unas elecciones. La derecha tiene memoria de elefante y le molesta, todavía hoy, las revoluciones de 1848, cuando por vez primera se reivindicó el trabajo como un derecho (por supuesto, odia con similar saña todas las revoluciones posteriores en esa línea). La derecha tiene como objetivo la obtención de beneficios a través del mercado. Cualquier medio para lograrlo les vale. Y a Robespierre, como decíamos, no le dejan tener una calle en París.

La lucha armada desapareció como opción de gobierno tras la caída de la URSS. Al ser la vía electoral la única vía de acceso al poder, uno de los asuntos más intrincados para una política emancipatoria tiene que ver con las dificultades para llevar a cabo los cambios prometidos electoralmente. Por si esto no bastara, hay que sumar las facilidades que posee el *statu quo*, cuando recupera un ámbito institucional (cuando vuelve a ganar las elecciones). Entonces, revertir los logros alcanzados por un Gobierno de cambio es pan comido. No se trata solamente de los enormes apuros concretos y cotidianos por los que atraviesa cualquier gestión transformadora (sea en un municipio, en un Estado federal, en un ministerio o en el Gobierno). Se trata de la construcción de escándalos por nimiedades, de la amenaza financiera constante, de la judicialización de la política y de la persecución judicial de los adversarios, del acoso mediático sistemático a los cargos públicos hayan o no cometido errores, del uso de la violencia paramilitar o de la extrema derecha, del dominio de las *fake news*, de la capacidad de dejar cerrados contratos blindados que reducen la capacidad de gasto, entre otras muchas. No se trata de la fiscalización virtuosa que implica el juego de Gobierno y oposición. Se trata de que las fuerzas conservadoras tienen siempre, aunque estén en la oposición, la capacidad de dificultar la gestión del cambio. La derecha siempre juega con ventaja porque las cartas del Estado las han marcado ellos.

Como decíamos, estos sectores conservadores muestran una enorme facilidad para devolver a la antigua situación transformaciones que reclamaron mucha energía cuando se pusieron en marcha. Hay que recordar otra vez que no es lo mismo el Estado en el Norte que en el Sur (la "línea abismal", en expresión de Santos), que hace que los conflictos que en el Norte –los países desarrollados– se pueden solventar como regulación, en el Sur siempre se resuelvan con violencia. Sin embargo, la crisis de 2008 va acercando espacios al entrar las diferentes formas de violencia y exclusión en el Norte desarrollado, algo que se agrava con el auge de los partidos de extrema derecha. Las leyes mordaza, las acusaciones de terrorismo, el *lawfare* son el pan nuestro de cada día en la crisis neoliberal.

¿Podría haber puesto en marcha un Gobierno de izquierda brasileño un *impeachment* como el que hizo la derecha contra Dilma Rousseff? ¿Es pensable que cualquier Gobierno de cambio impulsara el encarcelamiento de un candidato de la oposición que llevara una gran ventaja en las encuestas como ocurrió con Lula da Silva? ¿Por qué los gobiernos de derecha no tienen problemas con los organismos internacionales de resolución de conflictos ni con las instituciones financieras internacionales y, sin embargo, Néstor Kirchner, Rafael Correa, Evo Morales, Hugo Chávez o Alexis Tsipras tuvieron tantas complicaciones? ¿Por qué la izquierda ha renunciado a la lucha armada y, sin embargo, la derecha sigue dando golpes de Estado? ¿Es factible que funcionarios policiales se levantaran contra un presidente conservador en Ecuador, como le ocurrió a Rafael Correa? ¿Podría el MAS de Evo Morales utilizar a ONG medioambientales para intentar tumbar en Bolivia a un Gobierno conservador? ¿Qué diferencias hay entre la revuelta del agua boliviana en Cochabamba y las dificultades que enfrentó Gustavo Petro en la alcaldía de Bogotá para recoger las basuras? ¿Por qué resultó tan sencillo construir un caso judicial contra López Obrador y, sin embargo, el sexenio de Peña Nieto no se vio perturbado por todos sus casos judiciales? En España, ¿se sostendría un Gobierno de Podemos si tuviera uno solo de las decenas de casos de corrupción que afectaron al Gobierno conservador de Mariano Rajoy? ¿Qué sostiene a un Gobierno tan errático como el de Donald Trump? ¿No es impensable que hubiera un Trump de izquierdas sin que fuera de una manera u otra depuesto? ¿No es amable la Organización de Estados Americanos con estados canallas solamente porque están alineados con Estados Unidos? ¿Imaginamos periódicos y jueces defendiendo una ilegalidad e inmoralidad como la del secretario general del PP Pablo Casado con su máster –obtenido sin ir a clase ni hacer los trabajos preceptivos– si fuera un político de la izquierda? ¿Se podría mantener en el poder en España un jefe de Estado de izquierdas si hubieran saltado a los medios declaraciones como las que se conocieron de Corinna Sue Wittgenstein respecto de su amante, Juan Carlos I?

Queremos aquí llamar la atención acerca de la necesidad de mirar en los ámbitos no evidentes del Estado, que es donde descansa esta enorme capacidad del conservadurismo y la reacción para hacer valer sus intereses castigando y recompensando, con capacidad coactiva y con construcción de hegemonía. Cuando no reparamos en el peso del Estado heredado, las políticas transformadoras viven en una melancolía permanente. Cuando fracasa el análisis que identifica por qué pasa lo que pasa, el riesgo de caer en la resignación crece. Es entonces cuando lo que Hirschman llamó *retóricas de la intransigencia* triunfa: la retórica de la futilidad (no se puede cambiar nada), la retórica de la perversidad (la acción colectiva va a empeorar lo que se quiere mejorar) y la retórica del riesgo (la acción colectiva va a estropear otras cosas).

La enseñanza del fracaso de la Comuna de París, sobre la que reflexiona Marx en *La lucha de clases en Francia,* tiene que ver con esta idea. Se puede asaltar el aparato del Estado, pero eso no significa que se tenga el poder (entendido como la capacidad de lograr obediencia para desarrollar las políticas). Esta reflexión de Marx, que es esencial, se ha desvirtuado al vincularse a la "dictadura del proletariado". Es inútil recordar que la expresión en Marx tiene más que ver con referencias clásicas romanas que con ejemplos concretos del siglo XIX o del XX. Pero el concepto se ha convertido en un concepto maldito. Más aún después de las experiencias dictatoriales del siglo XX que repugnan cualquier intento de acercamiento semántico a la idea de dictadura. Dictadura, ni la del proletariado.

Sin embargo, ¿qué hizo la Unión con el Sur después de derrotarlo en la guerra de secesión norteamericana? ¿Qué hizo la Francia de De Gaulle con los colaboracionistas franceses? ¿Y las potencias vencedoras sobre la Alemania derrotada? ¿Qué papel desempeñan las bases norteamericanas que se instauran en los territorios "ganados para la democracia"? ¿Cuál fue el comportamiento de Estados Unidos en Japón después de la rendición del emperador? Todas ellas, democracias, aplicaron alguna forma de "dictadura del ganador". La dictadura militar que el Norte impuso al Sur en Estados Unidos, los fusilamientos que ejecutó la República Francesa y las expropiaciones de bienes a los colaboracionistas, la censura generalizada de los derrotados tras las victorias, la economía social impuesta de manera obligatoria en Alemania o esa tierra de nadie con licencia para matar que suponen las bases norteamericanas iban mucho más allá de lo que planteó en su día Marx. Y se hizo no precisamente en favor de las mayorías. Pese a todo, el resultado no fue tan "positivo", pues tanto el poder blanco como el poder económico de la industria francesa se mantuvieron y los viejos industriales alemanes o las elites económicas de siempre recuperaron sin problema su espacio. ¿No deben entonces los nuevos regímenes democráticos defenderse del Antiguo Régimen y de las coaliciones en su contra? No es nada sencillo combatir a un poder histórico que lleva siglos gobernando.

La reflexión teórica que señala la necesidad de medidas extraordinarias es correcta y tiene mucho que ver con las reflexiones de Maquiavelo en *El príncipe*, cuando aconseja cómo mantener un reino o república. Es una lección de realismo, muy común en el conservadurismo pero más escasa en la familia de la izquierda. En una dirección similar, esta necesidad se la recordó Lenin a Kautsky cuando este le reprochó que el poder soviético, sacando conclusiones de los errores de la Comuna de París, había suprimido la democracia para la burguesía para que fuera posible la democracia para las masas. Lenin le contestó en *La revolución proletaria y el renegado Kautsky* en 1918:

> Durante mucho tiempo después de la revolución, los explotadores siguen conservando de hecho, inevitablemente, tremendas ventajas: conservan el dinero (no es posible suprimir el dinero de golpe), algunos que otros bienes muebles, con frecuencia considerables; las relaciones, los hábitos de organización y administración, el conocimiento de todos los "secretos" (costumbres, procedimientos, medios, posibilidades) de la administración; una instrucción más elevada, sus estrechos lazos con el alto personal técnico (que vive y piensa burgués); conservan (y esto es muy importante) una experiencia infinitamente superior en lo que respecta al arte militar, etc.
>
> Si los explotadores son derrotados solamente en un país –y este es, naturalmente, el caso típico, pues la revolución simultánea en varios países constituye una rara excepción– seguirán siendo, no obstante, más fuertes que los explotados, porque sus relaciones internacionales son poderosas. Además, una parte de los explotados, pertenecientes a las masas más atrasadas de campesinos medios, artesanos, etc., sigue y puede seguir a los explotadores, como lo han probado hasta ahora todas las revoluciones, incluso la Comuna (porque entre las fuerzas de Versalles había también proletarios, cosa que "ha olvidado" el doctísimo Kautsky).
>
> Por tanto, suponer que en una revolución más o menos seria y profunda la solución del problema depende sencillamente de la relación entre la mayoría y la minoría es una estupidez inmensa, el más necio prejuicio de un liberal adocenado es engañar a las masas, ocultarles a sabiendas la verdad histórica. Esta verdad histórica es la siguiente: en toda revolución profunda, lo normal es que los explotadores, que durante bastantes años conservan de hecho sobre los explotados grandes ventajas, opongan

una resistencia larga, porfiada y desesperada. Nunca se someten los explotadores a la voluntad de la mayoría de los explotados antes de haber puesto a prueba su superioridad en una desesperada batalla final, en una serie de batallas […].

Después de la primera derrota seria, los explotadores derrocados, que no esperaban su derrocamiento ni creían en él, que no aceptaban ni siquiera la idea de que pudiera producirse, se lanzan con energía decuplicada, con pasión furiosa y odio centuplicado a la lucha por la restitución del "paraíso" que les ha sido arrebatado, en defensa de sus familias, que antes disfrutaban de una vida tan dulce y a quienes la "chusma del populacho vil" condena a la ruina y a la miseria (o al "trabajo" simple…).

Por qué el Estado es parte del problema y parte de la solución

El *análisis estratégico-relacional* que propone Bob Jessop en *El Estado: pasado, presente y futuro* no anda muy lejos de la reflexión de Maquiavelo en *El Príncipe* cuando reclama, para analizar el cambio social, mirar a *fortuna* (las condiciones objetivas que brindan las estructuras y operan al margen de los sujetos), a *virtud* (el momento de los agentes –los actores políticos–, que está vinculado a liderazgos que operan en virtud de sus objetivos y condiciones dadas), y a *necesidad* (la lectura intelectual que hacen las poblaciones de la necesidad o no de un cambio). En el análisis de Jessop, el análisis estratégico-relacional permite "estudiar las estructuras sociales […] relacionadas con la selectividad estratégica inscrita estructuralmente; de la misma manera que la acción puede ser analizada en términos de su desempeño por parte de agentes que tienen una orientación que hace cálculos estratégicos y que es estructural". En definitiva, pone en discusión de manera organizada la agencia y las estructuras.

La selectividad estratégica es la inclinación que tiene el Estado para satisfacer unas demandas más fácilmente que otras. El Estado no es un terreno neutral, sino que tiene estrategias que le llevan a seleccionar unas demandas y no otras y, una vez seleccionadas, habrá más probabilidades de que se logren ejecutar unas antes que otras. Esas estrategias son el resultado de las victorias históricas de unos sectores sobre otros, de la propia condición representativa del Estado y de la correlación de fuerzas. La selectividad estratégica señala que la forma en la cual el Estado ha solventado sus conflictos históricamente le hace más proclive a solventar los intereses de los vencedores. Si no se identifica esa selectividad, es imposible que cualquier política alternativa pueda tener éxito.

No es tanto que el Estado sea *per se*, como en el Marx del *Manifiesto comunista*, un instrumento de clase al servicio de la burguesía. Si así fuera, cualquier perspectiva emancipadora debiera abandonar las perspectivas de cambio que contaran con la estructura estatal. Hay que entender, entre otras cosas, que no hay "una" sola burguesía. Lo que es radicalmente cierto es que la dependencia de la trayectoria del Estado (la *path dependence*) lleva a que la institución estatal tenga memoria de las victorias históricas que la burguesía obtuvo sobre el proletariado, los hombres sobre las mujeres, los blancos sobre otras razas, el centro sobre la periferia, al catolicismo sobre otros credos o la religión sobre la laicidad. Esa memoria se convierte en sesgos y esos sesgos marcan la selectividad estratégica. Esta se manifiesta en las estructuras institucionales, en los mecanismos de selección de cargos públicos, en el comportamiento de los funcionarios, en las tecnologías, en el lenguaje, en las leyes, en los símbolos de la nación, en la distribución del gasto, en las reglas de juego que aplican los militares… Una política alternativa tiene que operar sobre esta selectividad. La imaginación es aquí condición *sine qua non*. Un Gobierno de izquierda sin imaginación es un Gobierno muerto.

La sentencia en España contra La Manada en 2018, donde en el auto judicial se definía una violación de cinco hombres reincidentes a una joven ebria pero no se castigaba el delito como violación, demostraba que el derecho lo han escrito hombres. Lo que debe ser entendido como una "violación", la diferencia entre agresión sexual o abuso sexual lo marca el entendimiento de los hombres y no la perspectiva de las mujeres. La historia de España nos brinda otro ejemplo. Cuando José Bono, siendo presidente del Parlamento por el PSOE, sacó del sótano del Museo del Prado los cuadros de los reyes visigodos pintados en tiempos de Isabel II y los colgó en el Congreso de los Diputados, negaba los siete siglos de dominación árabe de España, al tiempo que situaba la historia del país en un origen monárquico, católico y unitario que no se corresponde con la realidad. No en vano, en septiembre de 2018, la infanta Leonor iba a Covadonga a realimentar el mito, carente de sustancia histórica, que vincula a don Pelayo con Recaredo, quien abrazó el catolicismo en el 587. En 2018 se hacía público un chat de jueces que opinaban sobre Catalunya, demostrando una carencia absoluta de sensibilidad con la realidad plurinacional de España. No se tomó ninguna medida. En el mismo país donde se encarceló a raperos o tuiteros por expresiones similares. En el mismo país donde los medios hacen un mundo con un matiz y matizan un mundo cuando es funcional al *statu quo*. En cada rincón de nuestros países, las leyes, los símbolos, los servidores públicos, los medios, la escuela alimentan ese sesgo histórico que porta el Estado. Y no termina de llamar la atención porque forma parte del sentido común. *Es más fácil desintegrar un átomo que un prejuicio.*

En 1995, el Ejército Zapatista de Liberación Nacional, cuyo levantamiento indígena en 1992 pondría en trance al Gobierno del Partido Revolucionario Institucional (PRI) instalado durante siete décadas en México, se reunió con el Gobierno en la población de San Andrés, en Chiapas, al sur del país. Se firmaba el comienzo de la victoria de los indígenas después de la noche de los 500 años. Las negociaciones entre el Ejército y los rebeldes tuvieron lugar en una cancha de baloncesto del pequeño pueblo, para recordar que era una negociación con los humildes. Esa fue la primera batalla ganada. Las negociaciones no iban a tener lugar en el Palacio de Gobierno, donde el Estado ha ido dejando durante décadas las marcas de su dominio —en los cuadros, en las habitaciones cerradas, en el lujo, en los ujieres solícitos o molestos, en los trajes y las corbatas, en los horarios marcados por la burocracia, en el ir y venir de asistentes inútiles, en la solemnidad idiota que invita al silencio, en las miradas de los que se creen allí en su casa— que terminan maniatando a quien entre en el mismo. Esa cancha era la proclamación de una victoria y el Gobierno, sentado en sencillas sillas a las que no estaba acostumbrado, sabía que hacer política en el territorio del pueblo era una derrota.

El Estado siempre se hereda. Se hereda el Estado en sentido estricto, esto es, el aparato político-jurídico, el núcleo del Estado, con sus ministerios, sus funcionarios, sus policías y militares, sus jueces, sus parlamentos y gobiernos, su banco central, su Hacienda, su bandera. Y se hereda también lo que Gramsci llamó el "Estado ampliado", es decir, eso que está fuera de lo que normalmente entendemos por Estado —de hecho, está en lo que se conoce como la sociedad civil—, pero que es lo que logra *estatalidad*, es decir, logra que el Estado alcance sus objetivos en un marco de obediencia a través del consentimiento activo. En ese Estado ampliado está la religión, las universidades, los clubes de fútbol, las escuelas, todas parte esencial de esa manera extensa de entender el Estado.

Y, de manera creciente, los medios de comunicación e información, igual que los algoritmos que deciden de manera creciente partes sustanciales de nuestras vidas (la distribución de este libro, la cantidad de azúcar en el tomate frito, los cultivos de los próximos años, el precio de la luz, la duración de unos vaqueros o de una impresora signados por la obsolescencia programada).

La primera desigualdad en la relación con el Estado tiene que ver con las dificultades que expresa la ciudadanía, sea como funcionarios, trabajadores o representantes, para entrar a formar parte del Estado.

La forma extrema de la desigualdad en el acceso a la representación tiene lugar cuando se activa la *razón de Estado*, un curioso modo de representación donde no hay canales formales de representación. La excusa para activar la *razón de Estado* es la amenaza a la nación y la lucha contra el terrorismo, que permite que operen ámbitos bajo *secreto de Estado*. Aquí obra el llamado *deep state*, es decir, ese ámbito estatal opaco y blindado que, sin embargo, es el responsable de las últimas decisiones en muchos países –formado por servicios secretos, grandes capitales, principales empresas que cotizan en bolsa, representantes transnacionales, inteligencia militar–. En él la representación democrática directamente desaparece y la acusación de terrorismo se extiende a cualquier protesta. El único antídoto frente a este secretismo contrario a la representación es la transparencia[4]. De no garantizarse unas reglas de juego que no saquen de la representación a los sectores populares (por el sistema electoral parcial, por fraude, por secretismo, por ilegalización de fuerzas alternativas), el Estado pasaría a entenderse como un sistema de dominación política de clase que marca de manera determinante la correlación de fuerzas y las formas de acción colectiva. La definición de Marx del Estado pasaría a

---

[4] El Estado profundo no es una teoría derivada de las teorías conspirativas, sino, muy al contrario, un análisis lógico de espacios de poder que escapan de cualquier control de la democracia representativa. En España, el Partido Popular activó una "policía política" que se dedicó a construir pruebas falsas contra los partidos de la oposición. Estas noticias falsas –incluidas facturas elaboradas con Photoshop– después eran publicadas, como noticias objetivas, por portales digitales de extrema derecha y rebotadas por miles de bots. El *big data* se ponía en marcha. El problema añadido es que después de que las noticias se publicaran en esos libelos, el resto de los medios se hacían eco, lo que les daba el marchamo de credibilidad. La moneda falsa expulsaba a la buena moneda. O quizá sea más correcto decir que, más allá de ligeros matices, todos los medios tradicionales están en la misma lógica.

ser correcta al representar la institución estatal los intereses de la fracción del capital que gobierna el Estado.

En tiempos de Facebook, la búsqueda de representación es una desesperada búsqueda para *gustar*. No en vano, las campañas electorales se entienden como círculos concéntricos en torno al algoritmo de Google como fórmula para ofrecer al votante precisamente lo que quiere. Es la búsqueda de una fórmula para gustar, para hacer viral una idea inteligente o una excentricidad, para enriquecer a los candidatos, volverlos deseados, aplaudidos, comprados e incluso votados. En ese algoritmo (que hoy, podemos decir, es una fórmula más buscada que la de la Coca-Cola), está la clave para ganar el *brexit*, dar un golpe de Estado a Dilma Rousseff y que no haya consecuencias, encarcelar a Lula sin una revolución social o ser presidente del Gobierno pese a tener capitales en el extranjero o haber robado unos años antes el dinero al pueblo. Las consultoras son los nuevos buhoneros, pero su elixir funciona. Quien tiene esa fórmula —en verdad, quien dice que la tiene— la vende al mejor postor, y por eso vemos a consultoras haciendo la campaña electoral a adversarios políticos sin problema.

Vemos que lo que podríamos llamar partidos del *establishment* (sea el PRI mexicano, el Partido Colorado paraguayo, el uribismo en Colombia, el Cambiemos de Macri en Argentina o cualquier otro) buscan convencer de cualquier forma y tratan de encontrar, como sustituto de Google, el algoritmo social con el que creen que van a atraer más votos y tener más éxito. Algo que complementan siempre con la demonización de quien representa el cambio. Con el *big data* han encontrado la pastilla que dar a cada elector para que piensen como ellos quieran que piensen. Y funciona. Las televisiones hacen el resto. Nótese que la derecha ha sido capaz de construir una referencia que identifica a Venezuela con el mal y concentra sus ataques en repetir que el cambio convertirá al país en cuestión en esa imagen que los medios brindan de Venezuela. En cambio, las fuerzas del cambio no tienen un país con el que una comparación de este tipo tuviera recepción social, incluso con una figura tan extravagante como Donald Trump. El único objetivo político de la campaña electoral es tener muchos "me gusta" (votos). La derecha puede hacer mera retórica porque su principal interés es gestionar lo que existe, no transformarlo. El objetivo de los gobiernos populistas de derechas (Macri en Argentina sería un ejemplo muy claro) como partidos emergentes es sustituir a las elites gobernantes por otras que, a lo sumo, garanticen el freno de la corrupción –aunque su apuesta programática por las privatizaciones y por la economía financiera hacen eso improbable–.

Desde posiciones transformadoras eso no es posible, pues la oferta política implica cambiar las cosas, no solamente gestionarlas. ¿Pueden las fuerzas del cambio hacer campañas populistas solo como una táctica de *marketing*? Esto no es posible desde un espacio emancipador por tres causas. Ya lo vimos en la discusión entre la mera táctica y la estrategia en la reinvención de la izquierda. En primer lugar, porque lo que no se haya incorporado desde posiciones transformadoras a la agenda electoral tampoco estará en la agenda de gobierno, ya que permite suponerse desinterés por ese asunto; en segundo lugar, porque en el improbable caso de que se quiera atender una demanda que no haya sido discutida durante la campaña, el apoyo popular a la misma, llegado el caso, no será contundente, pues es probable que no se entienda su oportunidad. Este argumento invitará también a posponer el asunto. En tercer lugar, porque será muy difícil la defensa de ámbitos que no tienen consenso social al no haber sido debatidos. Cuando los sectores privilegiados articulen su protesta frente a las reformas (cosa que invariablemente harán), establecerán el *framing* y la *agenda setting* y los sectores populares no estarán preparados para hacer valer las transformaciones que se proponen. Los gobiernos del cambio en América Latina solventaron estos problemas con la promesa de procesos constituyentes, que actuaron como escuelas de ciudadanía y fueron el foso que impidió el asalto inmediato a sus castillos. Pero los ejércitos mercenarios terminaron pasando en buena parte de los países.

El acceso a la gestión y representación del Estado tiene un sesgo que ha sido construido desde la implantación y desarrollo del sufragio universal. Esto tiene mucho que ver con la formación y su acceso a ella, el prestigio, las redes de apoyo, el dominio de la legislación, etc. No es igual ser campesino que catedrático de Derecho; no es igual ser ama de casa que economista, no es igual vivir en la periferia de las grandes ciudades, sin apenas infraestructuras, que en barrios lujosos donde hay universidades, librerías, locales culturales, vecinos formados o está muy desarrollada la capacidad de desplazarse a donde se ofertan esos bienes.

Otra gran selectividad estratégica del Estado en este ámbito está ligada al reclutamiento de los funcionarios públicos. Los gobiernos de cambio tienen enormes dificultades para seleccionar a un nuevo tipo de servidor público que entienda el nuevo papel del Estado. Un gran fracaso lo encontramos en la incapacidad para poner en marcha procesos de formación diferentes que abran la función pública a sectores populares, mujeres, indígenas, afrodescendientes. Esto genera el problema de que los articuladores de las nuevas políticas públicas son funcionarios ligados a una selectividad estratégica dada. Los funcionarios van a ser conservadores por definición, ya que piensan que el nuevo Gobierno pasará pronto al depender de los tiempos electorales. También es razonable pensar que esos gobiernos pueden fracasar y sucumbir ante frenos judiciales o sociales. Añadamos que hacer las cosas de manera diferente genera un gasto extra de energía que los funcionarios no pondrán en marcha si la recompensa, material o simbólica, no es mayor que el esfuerzo o incluso que el castigo presente o futuro.

Por último, la selectividad opera a la hora de adjudicar responsabilidades en virtud de la procedencia de los distintos grupos sociales. Es más común y sencillo que los sectores populares, las mujeres, las personas racializadas tengan acceso al poder legislativo –al Parlamento– antes que al Ejecutivo o al gobierno del poder judicial. Del mismo modo, es más fácil que estén en departamentos institucionales de gasto antes que de ingreso (es más sencillo en esa lectura que las mujeres desempeñen cargos en asuntos sociales antes que en los departamentos recaudatorios o de presupuestos). Del mismo modo, es más fácil para algunos sectores estar en la parte represiva del Estado (Ejército, Policía, Asuntos Exteriores, Hacienda, tribunales, cárceles), mientras que para otros es un lugar "reconocido" pertenecer a los ámbitos de educación, sanidad, cultura o servicios sociales –es una vez más evidente el espacio cuasi vedado a las mujeres en unos casos y reservado en ligados a los cuidados–.

Regresemos otra vez a los funcionarios. La *condición racional y legal* que opera en la burocracia, junto con el *razonamiento jurídico* y la *interpretación constitucional*, separa a los funcionarios del conjunto de la ciudadanía. Esto brinda las bases para que los funcionarios construyan una subjetividad elitista, para que olviden su condición de servidores públicos y desarrollen un comportamiento displicente y arrogante con la ciudadanía. En la práctica totalidad de América Latina, al igual que históricamente en España, la primera reacción cuando un ciudadano de a pie entra en un ministerio es de temor. Ese elitismo facilita que sean cooptados por intereses particulares a través de medidas clientelistas (subidas salariales o privilegios que paga el conjunto de la ciudadanía), que dificultan que los funcionarios pongan en marcha nuevas políticas emancipatorias[5].

Los funcionarios pueden tener *esprit de corps* y también sus propias agendas personales, partidistas o regionales, de la misma manera que pueden establecer sus propias redes clientelares. Las relaciones entre despachos de abogados o de asesorías fiscales con los departamentos de Economía y Hacienda son prístinas. La relación entre los bancos nacionales y los ministerios de Economía y Hacienda crea unos cuerpos de elite donde los intercambios son constantes. Lo mismo que el trasvase entre abogados y economistas del Estado y la empresa privada. O la estrecha relación existente entre lobistas de armas y los ministerios de Defensa. Pensemos también en los servicios de inteligencia y las conexiones con sectores económicos[6]. Por eso, la discusión acerca de las *puertas giratorias* (ese trasvase permanente entre el sector público y el privado) es esencial. Si se quieren cambiar las cosas, tiene que reinterpretarse ese intercambio constante entre el sector público y el privado que no solamente es legal, sino que es rutinario y está recogido en las leyes. No olvidemos que estamos hablando de ámbitos corporativos relativamente estrechos, que son muy poco permeables a la participación de gente de fuera de la burocracia.

En la actualidad, el triunfo general de la fracción financiera del capital sobre cualquier otro ámbito capitalista determina el equilibrio interno del Estado (mejor dicho, el desequilibrio), de manera que el gasto social, las infraestructuras, el fomento del empleo, el apoyo a la economía social son dejadas de lado frente a la prioridad dada al capital financiero en forma de pago de deuda, privatizaciones y recortes.

---

[5] La Cheka se creó en 1917 para dar respuesta a las huelgas convocadas en sectores públicos y privados para intentar tumbar al recién estrenado Gobierno bolchevique. Esa mentalidad asediada se quedaría en el Estado soviético y sería un factor esencial que explicaría, al menos parcialmente, la posterior gran purga estalinista.

[6] Para el caso de España, se ha visto la relación directa entre economistas y abogados del Estado en la neoliberalización de la economía española durante los gobiernos socialistas.

La izquierda desarmada:
los mecanismos de intervención estatal en la sociedad

La forma de intervención del Estado en la sociedad, su capacidad de infiltrarse en ella, es lo que Michael Mann llama "poder infraestructural" del Estado. Esto es, cómo el Estado convierte sus decisiones políticas – que principalmente las va a intermediar el Gobierno y las va a ejecutar la burocracia institucional– en hechos en la sociedad. Las cuatro principales herramientas de intervención del Estado en la sociedad están, por lo general, vedadas, al menos en el corto plazo, a los gobiernos de la izquierda, pues expresan de manera esencial la capacidad de garantizar el sesgo de clase, género y raza del Estado. Basta enunciar estos cuatro medios principales de intervención para entender cómo todos ellos tienen sus selectividades estratégicas bien marcadas: hablamos de la coerción, la ley, el dinero y el conocimiento. Son las que determinan "el arte de lo posible". Es la capacidad del Estado para infiltrarse en la sociedad y organizar las relaciones sociales. La capacidad de la derecha de crear "minorías consistentes" determina las probabilidades de éxito. Lenin se quejaba de que en los ejércitos del zar había muchos proletarios.

La *coerción organizada* está relacionada con el núcleo duro del Estado al estar en el corazón de la represión y tener además la legitimidad de la defensa de la patria. Las selectividades aquí son plurales y empiezan con el reclutamiento de policías y militares y la asignación en los diferentes ámbitos de la organización. Siguiendo a Samuel Finer, Marcela Donadio señaló las razones de los cuerpos y fuerzas de seguridad para intervenir en los asuntos políticos:

El "destino manifiesto", por el cual se asigna a las fuerzas armadas la misión de "salvar a la patria".

El interés nacional, cuando se instauran en las fuerzas armadas dos premisas por igual peligrosas: la primera, la idea de que la nación y el Gobierno son entidades diferentes y que su deber es para con la nación, en lo que subyace la natural pregunta acerca de quién define cuál es el interés nacional; o una segunda idea, por la cual las fuerzas armadas son el "sostén" de la democracia y de las instituciones.

El interés sectorial, que parte de la intención de satisfacer necesidades propias de la institución o, si se produce una mayor degradación, necesidades personales de los oficiales superiores.

En el trabajo de Samuel Huntington de 1957, *El soldado y el Estado*, se desarrolla lo que llama la "mentalidad militar", que entiende que los militares serían "profesionales vocacionales" con un alto contenido corporativo. El Ejército es la *ratio* última de la patria en peligro. De ahí se derivan "valores tales como el *mando* (autoridad), la *obediencia* (disciplina) y el valor del *honor* militar, junto a los de unidad y camaradería, que representan características fundamentales y definitorias de la profesión militar". El Ejército, como garante de "la patria en peligro", se entiende como un cuerpo dotado de absoluta capacidad ejecutiva (no cabe la deliberación y menos la democracia). Ante una misión donde el colectivo entero se jugaría su existencia, el honor se convierte en algo mayúsculo. Si la nación se entiende como previa al Estado, la responsabilidad del Ejército es con el orden invariable, se guía por un honor irracional y se justifica así cualquier violencia. Es evidente que, entendido de esta manera, el Ejército, gracias al uso de la violencia, se convierte en el garante último de la definición de patria construida. Esa definición de patria tiene que coincidir con la que tienen los que han ganado las batallas precisamente en nombre de la patria en el curso de la historia (otra vez la *path dependence* que deja la huella del pasado en el presente). Por eso, la selectividad estratégica de la coerción, ligada a la patria, es masculina y patriarcal. La nación es, en esa lectura, dada a luz por una mujer en peligro a la que tienen que cuidar los hombres armados para que pueda atender sus tareas de reproducción.

El Ejército, como la Policía, tienen un "estilo de vida" que mantiene y renueva estos elementos que son funcionales para la reproducción del Estado capitalista. Por eso vemos a militares dando un golpe en Honduras porque el Gobierno de cambio subió el salario mínimo, vemos a militares de máxima graduación diciendo el día de la deliberación sobre el encarcelamiento por el Tribunal Supremo de Lula da Silva que, de no entrar en la cárcel, hubieran tenido que "restaurar el orden" con la espada. No vemos a los militares levantándose contra el *impeachment* ilegal e ilegítimo contra Dilma Rousseff ni contra el aumento de las desigualdades que generaron los "tarifazos" de Macri en Argentina o contra la entrega de nuevo de la soberanía nacional al FMI, por poner dos ejemplos. Es la misma razón por la cual la amenaza independentista lleva a colgar banderas españolas en los balcones de todo el país, pero no pasa lo mismo cuando alguien se suicida saltando por la venta de su casa cuando viene la Policía a ejecutar un desahucio. O la que lleva a que el partido de Gobierno que en España venía reivindicando con mayor vehemencia la patria tuviera un millar de personas ligadas a su partido inmersas en casos de corrupción (nos referimos al Partido Popular).

Nada tiene más fuerza para un Ejército que el enemigo interior de la patria eterna. No es ajeno a esto el hecho de que el grueso de los ejércitos latinoamericanos, al igual que el Ejército español, prácticamente solo han ganado guerras en los últimos doscientos años contra sus propios compatriotas. Otra cosa hubiera sido si los ejércitos hubieran sido los garantes de la Constitución y la democracia. De ahí su permeabilidad a los discursos anticomunistas, al adoctrinamiento por parte de Estados Unidos (la Escuela de las Américas y la posterior formación de jueces en escuelas de adoctrinamiento judicial). También por eso el Ejército ha aparecido con tanta frecuencia como el protagonista de golpes de Estado que han devuelto a ese Estado su sesgo de clase. Añadamos un espacio cruzado entre los diferentes ámbitos ligados a la coerción –el Ejército, la Policía, los paramilitares, las empresas armamentísticas, los mercenarios, las cárceles privadas–, junto al dinero y la ley. Es conocida en Brasil y en Colombia –en Europa el caso de Italia es paradigmático– la vinculación entre políticos conservadores juzgados por corrupción y grupos militarizados armados que compran votos y candidatos y ejecutan a opositores. Pensemos en el caso en marzo de 2018 de la activista negra Marielle Franco en la favela de Maré o los tres centenares de militantes de izquierda en Colombia asesinados desde la entrada en vigor del Acuerdo de paz con las FARC en 2017. En el caso de Italia, ya se demostró cómo la red Gladio, vinculada a la OTAN, era responsable de los principales atentados atribuidos a la extrema izquierda en momentos electorales para incidir en el voto. Hay una cuestión casi matemática: la ausencia de Estado en determinados ámbitos territoriales –allí donde desaparece el Estado como depositario de la voluntad general de buscar el interés general– genera el espacio ideal para un Estado paralelo, para el paraestado, con muchas ramificaciones entre ámbitos estatales –sectores policiales y militares corruptos, jueces y fiscales corruptos, mercados negros de armas– e, incluso, para el apoyo popular a soluciones dictatoriales como una forma desesperada de encontrar algún orden previsible.

En 2018, comparecía ante la justicia por corrupción –es decir, por robar dinero a España– el secretario general del Partido Popular en Valencia. El acusado, Ricardo Costa, que tenía que declarar por haber quebrado la Constitución y haberse enriquecido robando dinero público, llevaba en el juicio una banderita de España en la muñeca, una señal invariable de los que reclaman a España como un espacio privatizado. Los mecanismos intelectuales que operan para juntar las dos cosas, llevar a España en la muñeca y robar a España, tienen necesariamente que ver con una idea patrimonial de la patria.

La *ley y la organización judicial* es otro asunto esencial. ¿Por qué diputados y senadores corruptos brasileños –varios de ellos terminarían en prisión después de haber logrado la destitución de Dilma Rousseff– pudieron tumbar a una presidenta que obtuvo 54 millones de votos y, al tiempo, mantener a un presidente no electo, Temer, imputado por corrupción con pruebas evidentes? Si los procesos de cambio se han mantenido en Bolivia, si no han sido interrumpidos por algún tipo de golpe "legal" o "parlamentario" en Venezuela es porque operaron previamente cambios que no permitieron que ningún juez Moro (nombre del magistrado brasileño que persiguió al Partido de los Trabajadores brasileño) pudiera conseguir en los tribunales lo que los partidos conservadores no lograron en las urnas. La judicialización de la política, el *lawfare* y el auge de los "poderes salvajes", marca la fuerza de esta selectividad y explica por qué es elegida en tantos países, bajo guía norteamericana, como la vía para vaciar la democracia. Los gobiernos de cambio están condenados a chocar, prácticamente desarmados, contra un ejército de jueces y abogados dispuestos a encontrar cualquier excusa para tumbar a presidentes, gobernadores, alcaldes, diputados y senadores. El trasvase de los abogados del Estado a empresas privadas y partidos políticos conservadores hurta al Estado una de sus principales armas. Los bufetes de abogados son tanto más poderosos cuanto más defienden los intereses de los grandes capitales, de manera que su capacidad de fuego es infinitamente mayor que los que litigan desahucios, despidos o hurtos. Esto se multiplica en el mundo global, especialmente al estar diseñadas las instancias internacionales de resolución de conflictos para favorecer los intereses de las grandes empresas, además de operar fuera de los países sujetos de los litigios (lo que dificulta cualquier gestión por idioma, desplazamientos, legislación internacional, etc.). La selectividad estratégica opera en la tradición familiar que reproducen juristas, abogados, notarios, diplomáticos, y también en el ámbito simbólico donde los sectores de poder marcan la pauta tanto en el vestir, en el actuar, en el lenguaje, las formas y, por supuesto, el acceso. Por último, la condición abstracta de la ley positiva no diferencia a mujeres (puede concederles atención solo si asumen la subalternidad en la vida privada), indígenas y negros (que pierden sus costumbres grupales) o pobres (que no tienen acceso). Es decir, trata de manera igual a los que son desiguales.

Esta selectividad estratégica de la ley es la que explica la capacidad de las fuerzas conservadoras de usar el "Estado de derecho" para acusar y condenar sin pruebas o para garantizar el sesgo de las sentencias. Es evidente la esencial tarea que generan aquí los medios de comunicación, en colaboración estrecha con los intereses de los partidos conservadores[7]. Y menos conocido, pero cada vez más relevante, es el uso del *big data* tanto por parte de la Policía como por la de los jueces. Este manejo del *big data* construye algoritmos que estigmatizan a colectivos –la mayor incidencia policial en algunos barrios produce detenciones por causas nimias que no habrían tenido lugar de no obrar ese señalamiento, generan a su vez altercados de protesta, aumento posterior de los arrestos y, entonces sí, ascenso de la "criminalidad", justificando el endurecimiento del algoritmo–. Por parte de los jueces, el uso de algoritmos judiciales permite que un ordenador juzgue automáticamente a un delincuente, lo que produce igualmente un bucle que invariablemente perjudica a los más pobres.

---

[7] Volviendo a Brasil, fue el juez Moro quién filtró las conversaciones entre Dilma Rousseff y Lula da Silva para evitar que este último fuera nombrado ministro, de la misma manera que coordinó con los medios la detención de Paulo Bernardo, ministro de Planificación con Lula y marido de la senadora Gleisi Hoffman, pieza esencial en la defensa de Dilma Rousseff, con la intención de debilitar la defensa. En el caso de España, los medios orquestaron una campaña contra la alcaldesa progresista de Madrid, Manuela Carmena, con motivo de unos altercados en el barrio de Lavapiés de Madrid tras la muerte de un inmigrante que vendía ilegalmente en la calle. Detrás de los ataques mediáticos dirigidos por los partidos conservadores, estaba la intención de gentrificar Lavapiés, un barrio popular, para entregarlo a la especulación inmobiliaria ligada al turismo. Igualmente, Pablo Casado, secretario general del PP, era exonerado de un supuesto delito de cohecho por el que estaban juzgados sus compañeros de máster. De los cinco jueces del Tribunal Supremo que archivaron el caso, cuatro estaban directamente ligados al PP.

El tercer medio de intervención es el *dinero*, clave a la hora de entender cómo se organizan desde el Estado los recursos disponibles, el crédito y los impuestos. En las sociedades neoliberales se ha extendido la condición de mercancía a más ámbitos que en ningún otro momento de la historia: alimentación, vivienda, salud, ocio, deporte, sexo. Por eso, la capacidad de intervención del dinero se ha multiplicado, tanto por acción como por omisión. Sin olvidar que los bancos privados son los grandes creadores de dinero a través del crédito, una privatización indirecta de producción de dinero no autorizada como tal. Los estados sociales existen solamente si hay una base fiscal que los soporte. De hecho, el pago de impuestos desarrolló la democracia representativa (el "*No taxation without representation*" de la revolución norteamericana). La influencia de las grandes empresas para evitar pagar impuestos, así como la tolerancia hacia los paraísos fiscales, debilita fuertemente la capacidad de ingreso del Estado. De la misma manera, opera una selectividad; selecciona si optar por la recaudación vía impuestos directos (paga más quien más tiene) o por impuestos indirectos (como el IVA, donde todos pagan por igual).

El dinero, en virtud de las victorias y derrotas pasadas y la correlación de fuerzas presente, orienta selectivamente el gasto hacia el rescate bancario, los pensionistas o hacia políticas de empleo para jóvenes; hacia los cuidados que liberan a las mujeres de esa responsabilidad o hacia las empresas; desarrolla amnistías fiscales para los más ricos o desarrolla rentas universales o de inserción. Esta capacidad de orientar el dinero hacia unos lugares u otros no siempre es libre, y la dependencia de los gobiernos de las agencias internacionales, que siempre castigan las políticas de gasto social, vuelve a hacer cierto el sesgo de clase (no hace falta repetir que las agencias de calificación de riesgo utilizan algoritmos que generan sesgos). Por último, el dinero sirve para generar diferentes acuerdos sociales. El corporativismo es un intento de equilibrar gastos e ingresos, mientras que el clientelismo busca sostener un porcentaje de población que garantice el ejercicio del gobierno. Hay que añadir que el papel que se le ha entregado en las democracias occidentales a las agencias de *rating*, capaces de doblar el pulso a cualquier Gobierno con la subida de la "prima de riesgo" (precio del dinero que toma prestado un país en relación con lo que le cuesta al que le resulta más barato), le da al dinero gestionado desde fuera del Estado un poder que puede anular la propia democracia. La opacidad que acompaña a toda la gestión de las grandes magnitudes de información cierra categorialmente cualquier posibilidad de saber qué ocurre dentro de esas cajas negras. Solo lo saben los que se benefician de su funcionamiento. Es lo que explica el mantenimiento en ámbitos ligados al dinero de todos los responsables de la catástrofe de 2007. ¿Quién va a prescindir del amo del calabozo?

En sociedades saturadas audiovisualmente, el *conocimiento* es el instrumento más desarrollado de selectividad estratégica, pues tiene la capacidad de conseguir la forma más depurada de obediencia, es decir, no la de lograr que alguien haga o no haga algo, sino la de construir las preferencias de la gente. En el Génesis, las cosas existen cuando Dios les pone nombre. Dios pide ayuda a Adán, no a Eva; es decir, el Dios del Antiguo Testamento, por razones inexplicables al ser omnipotente y no poder tener rencor ni necesitar dominar, mostraba ya comportamientos claramente machistas. Lo que está claro es que el que pone nombres a las cosas, se convierte, como dijimos, en dueño de las cosas. Nombrar es mandar. Victor Klemperer demostró que los nazis asesinaron a los judíos antes de mandarlos a los hornos crematorios al llamarlos *Unmenschen* ("no humanos"). Pasa lo mismo cuando se llama a los sintecho colombianos "desechables", o cuando Franco llamó a los republicanos la "anti España". Cuando los marines norteamericanos no asesinan a gente, sino que crean "daños colaterales", están ejerciendo el poder. Y lo mismo pasa cuando se asesina a través de drones, ya que opera una suerte de "magia" donde la violencia, al no verse, parece que no existe.

En sociedades saturadas audiovisualmente, el que controla el medio controla el mensaje. Por eso, en el control de la información el poder lo ejerce quien (1) establece la agenda (*agenda setting*) y (2) decide el enmarcamiento de la información (*framing*). Estos dos mecanismos logran tres cosas: (1) un recorte de realidad (la que se oculta); (2) un déficit de realidad (la que se debilita en su sentido); (3) un desperdicio de la experiencia (el dolor causado no sirve para vacunar a la sociedad de esos peligros).

Saquemos tres conclusiones esenciales para hacer política desde la izquierda y que también están marcadas selectivamente: primero, que todo pensamiento es antes un sentimiento, de manera que hasta lo que creemos más racional tiene un origen que no es racional; en segundo lugar, que esa articulación entre emociones, sentimientos y razonamientos construye arquitecturas muy sólidas que cuesta mucho derribar. Las neuronas de nuestro cerebro están reclutadas en ejércitos que solo obedecen las órdenes que entienden. Y las órdenes que entienden son órdenes que creen que las favorecen –por eso, aún hoy una mayoría de estadounidenses cree que había armas de destrucción masiva en Irak, pese a que fue una mentira orquestada para invadir el país, vender armamento, controlar la zona y robar el petróleo–. En tercer lugar, todo el pensamiento humano está enmarcado, es decir, nada de lo que pensamos es ajeno a una compleja mezcla de patrones sociales, roles, campos semánticos donde unas palabras nos llevan a otras, a valoraciones y a experiencias (que vivimos y sentimos desde esos propios marcos). Las metáforas de nuestra lengua nos hablan y nos ordenan cómo pensar. Los marcos, dice Manuel Castells en *Comunicación y poder*, siguiendo a Lakoff, "son redes neuronales de asociación a las que se puede acceder desde el lenguaje a través de conexiones metafóricas. Enmarcar significa activar redes neuronales específicas". Hasta los seis años, las niñas, cuando dibujan a un científico, dibujan a una mujer. A partir de esa edad, cuando tienen que dibujar a una persona de ciencia, dibujan hombres. El proceso de aprendizaje de un niño es un constante ponerle límites. Al final, lo que para él era un trozo de tela, puede terminar leyéndolo como una bandera e ir a morir por ella. Pero como ese aprendizaje pasa desapercibido, no se puede combatir. Hay un *statu quo* del conocimiento que es clasista, patriarcal y colonial, que se enseña en las familias, en los colegios, en la diplomacia, en Hollywood y los video juegos, lo incorporan los anuncios comerciales de la televisión, lo sancionan los intelectuales y lo clausuran los Premios Nobel o los galardones internacionales. Algunos creen que la patria les pertenece, la llevan provocadoramente y les justifica sus comportamientos enemigos de las mayorías.

La única manera de romper un prejuicio no es pretendiendo dinamitar la arquitectura neuronal de quienes quieren creer algo preestablecido. La única manera de combatir una pasión es, como decía Spinoza, con una pasión superior. La única forma de terminar con una arquitectura mental es construyendo otra arquitectura más elegante. La política conservadora siempre ha sido sublime en su capacidad de sembrar miedo, sea miedo a un dios, a los extranjeros, a las mujeres, a los diferentes, a los que creen en otros dioses, a los ejércitos, a otros reyes, a los que alzan la voz o a los que se cuestionan el orden existente. Porque el orden existente siempre es un orden y cuando se educa en el miedo, opera el refrán que dice que es mejor lo malo conocido que lo bueno por conocer. Decía Goethe: "Prefiero la injusticia al desorden". Es decir, es mejor el orden del privilegio, aunque sea injusto, que el miedo en el desorden.

Hacen falta, entonces, otras redes cerebrales, otras conexiones neuronales, otras narraciones, otras cadenas de sentido que rebajen la vigilancia creada por el miedo y aumenten la predisposición una vez ganada la confianza. El conocimiento establece el relato que sostiene la legitimidad del comportamiento selectivo de la coerción, la ley, el dinero y el propio conocimiento[8]. Hay que entender que para ejercer la coerción, la selectividad estatal selecciona sectores conservadores vinculados a la defensa del *statu quo* y sus justificaciones (la nación es un elemento de cohesión para la Policía y el Ejército), así como al negocio de la seguridad privada. Los bancos centrales, los bancos privados, las aseguradoras, las agencias de calificación o los *brokers* son parte de los sectores privilegiados salarial o económicamente, de manera que articulan un ejército de justificación del *statu quo*. El proceso judicial crea sinergias entre bufetes de abogados, jueces, notarios, gestores políticos de la justicia y catedráticos de derecho, por lo general alejados, por los mecanismos de selección, de las mayorías.

Por último, el auge de las universidades privadas y la privatización de la educación marcan también una selectividad que hace del conocimiento una herramienta privilegiada disciplinar en la gubernamentalidad neoliberal. El *big data* ha entregado la posibilidad de esconder la búsqueda invariable de dinero a través de la utilización de las debilidades, miedos,

---

[8] En una discusión con un profesor de Ciencia Política me reprochaba escribir académicamente sobre el movimiento indignado al haber formado parte del mismo. Le pregunté que por qué ellos escribían sobre partidos, elites parlamentarias y elecciones cuando militaban en el PSOE o en el PP, votaban invariablemente cada cuatro años y participaban constantemente de actos institucionales y de partido. La academia oficial cree que todo lo que se sale fuera de la institucionalidad es ideológico. Es una tautología pobre sobre un pobre argumento: la ciencia política estudia las instituciones existentes; una ciencia política crítica cuestiona las instituciones existentes; la ciencia política crítica, por tanto, no puede existir como ciencia. Es el mismo argumento que lleva a que en la escuela "no se pueda hablar de ideología". En cambio, se puede hablar de la cultura desarrollista, de la propiedad privada, del respeto a los bancos, de la veneración al dinero, de la competitividad, de clasismo, del productivismo, etc., como si esos elementos no fueran ideológicos.

esperanzas y deseos de las mayorías. El conocimiento se convierte en una fórmula que no se puede descifrar porque da dinero. Los servicios de inteligencia pueden ocultar por qué han abatido a una persona –lo señaló el algoritmo–, las autoridades educativas pueden expulsar a profesores –lo recomendó el algoritmo–, las autoridades sanitarias pueden obligar a usar una vacuna inútil –porque lo exigió el algoritmo–, la Policía hace escuchas sin el permiso del juez –el algoritmo dijo que ahí se estaban cometiendo delitos–, tus ocho horas de trabajo tienen que asemejarte a un robot humano –es el hito óptimo que marca el algoritmo–, etc. Sin transparencia no hay democracia. La izquierda tiene que ir armando algoritmos alternativos que asalten a los algoritmos usados por el poder para bajar unos cuantos grados su inmunidad y hacer ascender, de manera directamente proporcional, su ignominia. Los nuevos comuneros no asaltan los cielos, sino los algoritmos alojados en la nube.

La izquierda y los medios de comunicación: el trabajo cotidiano de la selectividad estratégica

No es sencillo tener evidencia de las presiones directas desde el poder económico o político a los directores de los medios de comunicación para decidir un titular o una noticia. En España, el presidente Pedro Sánchez, cuando fue derribado del puesto de secretario general del PSOE, explicó una reunión con Juan Luis Cebrián, de PRISA, y César Alierta, en ese momento uno de los pesos pesados del IBEX 35, donde lo habrían amenazado con echarle encima el diario *El País* y la Cadena SER si pactaba con Podemos. Pero, por lo general, esa llamada no hace falta. El poder tiene capacidad de amenaza, lo que hace que los sectores subalternos tengan predisposición a la obediencia. La mano invisible aquí no es la del mercado. Nunca ha existido un mercado en el capitalismo que no haya sido regulado por el poder político, fuera religioso, monárquico o burgués. Pero hay una orquesta silenciosa que afina sus instrumentos imaginando qué es lo que espera de cada uno quien tiene poder, sea para contratarlo, despedirlo, pagarle un artículo, recomendarlo para un trabajo, estigmatizarlo, subirle el sueldo, pedirle un favor remunerado, invitarlo a una comida o a un viaje con favores sexuales en cualquier lugar turístico.

Para el control de los medios (del establecimiento de la agenda y del enmarcamiento) basta con controlar los espacios de salida. Por ejemplo, tener control sobre el director del medio o de las agencias de noticias. El asesinato selectivo de periodistas en lugares concretos (Ciudad Juárez, Jalisco, Cauca, Cartagena, Medellín, Santiago, El Salvador, Honduras…) manda una señal al conjunto del gremio y de la población por si no bastan las advertencias previas. Desde esa mezcla de corrupción, coerción y redes clientelares, ese ejército, coordinado porque sabe lo que se espera de ellos, se sincroniza silenciosamente sin órdenes y multiplica las mismas portadas en todo el mundo, los mismos informativos, las mismas columnas de opinión. Es un lugar común ver a periodistas con más experiencia justificar desde posiciones cínicas la interiorización de ese comportamiento. El *big data* ha multiplicado todas estas realidades, las ha segmentado especializando el objetivo, ha aumentado su eficacia, tiene menos filtros (lo hacen robots) y tiene mayor impunidad para sembrar rumores y crear mentiras que los medios tradicionales, ya que no responden ante nadie.

Es incorrecto decir que los que defienden el *statu quo* controlan el cien por cien de los medios. Internet –y los medios digitales nativos– han venido a quebrar parte de ese monopolio. Hay una de cal y otra de arena democráticas. El *big data* refuerza, a día de hoy, la plutocracia, pero las redes sociales refuerzan, a día de hoy, la participación y la democracia. Sigue siendo cierto que la precariedad y el miedo convierten al periodismo en un ejercicio de supervivencia. La *agenda setting*, es decir, decidir de qué se habla y de qué no se habla, puede venir interpretado por el periodista que sabe qué pieza le van a comprar y cuál no. Y lo mismo con el *enmarcamiento*, esto es, cómo se va a interpretar una noticia y cómo no se va a interpretar. Con estas dos herramientas, les resulta tan fácil a los defensores del *statu quo* como difícil a los transgresores.

En la actualidad, la sociedad de la información se ha convertido en una sociedad de la vigilancia. Para Helmut Wilke en *La supervisión del Estado*, los cuatro instrumentos estatales para ejercer el poder se corresponden con cuatro momentos del mismo. La fuerza está detrás del Estado de seguridad (*Sicherheitsstaat*), con la misión central de lograr la paz. La ley está detrás del Estado de derecho (*Rechtsstaat*), cuya misión es lograr la integración social. El dinero es el instrumento del Estado social (*Sozialstaat*), encargado de caminar hacia la igualdad. El momento actual estaría marcado por el conocimiento, entendido como capacidad de supervisión por parte del Estado (*Supervisionstaat*). A los conocimientos tradicionales de vigilancia (la estadística y la seguridad) hoy tenemos que añadir el *big data*, que ha roto cualquier expectativa al ofrecer individualmente –al menos como *marketing*– la satisfacción de cada expectativa. Son claves, como venimos señalando, para entender resultados electorales contraintuitivos como el *brexit*, la victoria de Donald Trump o el ascenso de Bolsonaro en Brasil.

Algunas conclusiones para que el Estado no devore a la izquierda

Ejemplos evidentes de la selectividad estratégica contra los gobiernos de cambio en Europa o América Latina, municipales o estatales, pueden verse en la conexión personal de la judicatura con los partidos tradicionales; en la oposición de los cuerpos funcionariales a los cambios; en la habilidad de la maquinaria político-mediática para magnificar los errores o inventar escándalos; en el mayor coste de energía institucional que implica la búsqueda de soluciones alternativas dentro de una lógica, conservadora por definición –y que huye de las innovaciones–; en el endeudamiento heredado y la capacidad arbitraria de presión del sistema financiero internacional (del que depende el nacional); en el mayor conocimiento de las fuerzas tradicionales de las trampas jurídicas y los retorcimientos reglamentarios que usan cuando gobiernan para denunciar cualquier error administrativo, como si se tratara de golpes de Estado, cuando están en la oposición; en la vinculación entre las elites financieras globales y las elites políticas conservadoras; en la formación académica que suministran las universidades; en la menor trayectoria profesional de los cuadros y militantes vinculados al cambio; en la capacidad seductora del sistema para crear divisiones internas en las fuerzas alternativas o captar cuadros, etc.

Los gobiernos que responden a ese espacio antaño llamado izquierda tienen la obligación de romper la selectividad del Estado respecto de los modos de representación reduciendo la importancia del dinero en las campañas electorales, legislando con mayor dureza contra el financiamiento ilegal de los partidos, obligando a los medios de comunicación a realizar debates en las televisiones, cambiando el sistema electoral para garantizar el principio "un hombre, una mujer, un voto", fomentando listas cremallera, capacitando a los sectores populares y controlando el uso del *big data* (es un disparate que se hayan regulado los tiempos de las candidaturas políticas en televisión durante las elecciones y se permitan inversiones millonarias en *big data* que quiebran la igualdad de oportunidades. Además, esas onerosas inversiones alguien tiene que reembolsarlas. Como hemos visto en España con el Partido Popular, se pagan con dinero público, enmascaradas a menudo como "posicionamiento en Internet" o directamente con obra pública que se amaña con empresas conchabadas).

De la misma manera, deben plantearse objetivos a medio y largo plazo que cambien las selectividades estratégicas ligadas a la coerción, a la ley, al dinero y al conocimiento. Quien ocupe el espacio que antaño ocupó la izquierda tiene la obligación de romper con las ataduras de una parte de las mayorías a la lógica especulativa financiera. Esa nueva izquierda tiene que devolver una parte de la responsabilidad a la ciudadanía, de manera que su compromiso con los asuntos colectivos no se vea diluido por la posesión directa o indirecta de acciones en sociedades anónimas, en fondos buitre o en bancos vinculados a la especulación. Ese "capitalismo popular" es capitalismo y no es popular, sino una trampa para fragmentar los intereses de las mayorías. Los beneficios particulares que otorgan, al igual que las rebajas de impuestos que se prometen en elecciones, nunca compensan el encarecimiento de la educación, de la sanidad, el copago de las medicinas, la subida de precios del transporte, la luz, el gas, el aprendizaje de idiomas, los planes privados de pensiones, etc. El control democrático del *big data* es hoy tan importante como lo fue la legislación electoral en la siglo XX. Si el *statu quo* conserva el monopolio mediático y el uso del *big data,* podemos dar por perdida la democracia.

Es muy importante para un Gobierno de cambio huir de la tentación de usar las selectividades estratégicas heredadas. Ese sesgo inscrito en el Estado que favorece a sectores privilegiados en forma de beneficios de clase, género y raza no vale cuando se quiere usar desde fuera de esos sectores. Por ejemplo, usando los canales de los partidos conservadores para establecer redes de corrupción. En estos casos, se puede participar del tramo final –la financiación–, pero no se tienen todos los demás canales que logran la impunidad, especialmente los judiciales y mediáticos, de manera que el riesgo de fracaso es muy grande (basta ver todas las acusaciones de corrupción, reales y falsas, que reciben los gobiernos del cambio).

Es igualmente importante establecer una idea inclusiva de patria y nación que incorpore al Ejército y a la Policía. La patria no la pueden definir los que venden la soberanía a fondos buitre, tienen los capitales en paraísos fiscales o protagonizan la mayoría de los casos de corrupción. Esa idea de patria la pueden construir porque los medios de comunicación les permiten constantemente blanquear sus sepulcros. Después de salir del Gobierno en 2018 por una moción de censura, el PP empezó una campaña desmesurada contra el Gobierno del PSOE que continuaba cuando se cerraba este libro. Aún estaban abiertos juicios que afectaban a cientos de militantes del PP, e incluso el nuevo secretario general de su partido, Pablo Casado, había obtenido un máster sin ir a clase y sin examinarse. Pero todos sus ataques se hacían en nombre de una España patrimonializada y con la bandera nacional en la muñeca. No es difícil imaginar cómo en otros países europeos los periodistas no permitirían, como ocurre en España y en la práctica totalidad de América Latina, las mentiras de los políticos del *establishment* y la elusión de preguntas comprometidas y marcos perjudiciales.

Es esencial abrir la judicatura a jueces y juezas que rompan con la selectividad estratégica vigente y quiebren la capacidad del conservadurismo de judicializar la política y ganar en los tribunales lo que no se ha ganado en las urnas. Si el *lawfare* sustituye a las doctrinas de seguridad nacional que protagonizaron antaño los golpes de Estado, el *Estado profundo*, asentado en los servicios de inteligencia cooptados, en el control de medios y *big data*, junto con millonarios metidos en política, la democracia recibirá en el siglo XXI un nuevo golpe quizá mortal. Es esencial contar, quizá como herramienta principal en defensa de la democracia, con partidos-movimiento que mantengan el grado de politización espontánea popular y, al tiempo, tengan la capacidad de unificar el proyecto de Estado, defender la democracia y colaborar en hacer más eficiente todo el proceso político. No es menos importante lograr una base fiscal para el Estado, lo que obliga a acuerdos internacionales con otras fuerzas y países que permitan la entrada de ingresos (será esencial la cooperación Sur-Sur), frenando la salida de capitales hacia refugios fiscales y limitando la capacidad de presión de las agencias financieras internacionales y de las agencias de *rating*. Cualquier Gobierno de cambio debería establecer nuevas bases de acceso a la función pública, de manera que se incorporen como servidores públicos nuevos sectores separados de las redes tradicionales y de su funcionamiento selectivo. Es un error pretender contentar a los medios de comunicación que alimentan los proyectos de Estado tradicionales. Es sabido que suelen aceptar los fondos que se les entregue, aunque nunca les parecerá suficiente y siempre se pondrán al servicio de las estrategias de los sectores conservadores que buscan recuperar el poder.

Es mucho más productivo, vista la experiencia de los últimos diez años, apoyar medios de comunicación alternativos que en ningún caso debieran convertirse, para ser útiles, en medios de partido. La reinvención de la izquierda no debe olvidar la frase de Lasalle que escogió Gramsci como cabecera del diario *L'Unità*: "La verdad es revolucionaria". De la misma manera, es un error usar los medios públicos para convertirlos en medios gubernamentales, ya que pierden audiencia y credibilidad y, por tanto, no son eficaces. También es importante aprender el lenguaje audiovisual –ahí es esencial el papel de la gente más joven– para evitar crear productos carentes de interés (es lo que vio con anticipación Gabriel García Márquez cuando creó el taller de guionistas de telenovelas).

Los gobiernos de cambio no tendrán facilidades para hacer valer su programa transformador si no tienen una visión hegemónica alternativa y un proyecto de Estado y de patria diferentes. Para eso es clave contar con la ayuda de intelectuales y expertos en el aparato del Estado. Pero no se tiene que cometer el error de convertir las fuerzas de cambio en ejércitos de abogados y economistas, pues se pierde la condición de representantes (como identidad) y eso debilita el apoyo popular en las calles, lugar esencial de sostén del cambio, debido, precisamente, a la fuerza que otorga a la reacción la selectividad estratégica del Estado. Los gobiernos de cambio deben alimentar la protesta popular, aunque eso pueda generar problemas concretos en momentos concretos. De lo contrario, se volverá a repetir lo que se vio en Brasil: que Lula da Silva y Dilma Rousseff sacaron a casi cuarenta millones de personas de la pobreza, pero cuando llegó la destitución ilegal e ilegítima de Rousseff o la detención ilegal e ilegítima de Lula no había cuarenta millones de personas en la calle protestando contra ese golpe de Estado continuado.

El planteamiento de Boaventura de Sousa Santos del "fascismo social" puede entenderse desde la selectividad del Estado. El fascismo del *apartheid* social, el del fascismo paraestatal (contractual y territorial), el de la inseguridad y el fascismo financiero son espacios que conviven con ámbitos donde funciona, al menos formalmente, el Estado democrático de derecho. Esto es posible por la capacidad de construir comportamientos y normas particulares desde ese sesgo de clase, patriarcal y colonial que tienen los estados modernos occidentales. En la Gran Vía de Madrid puede haber democracia, pero apenas dos calles más adentro desaparecen los derechos y prostitutas, inmigrantes, desahuciados habitan un infierno sin derechos.

La forma de revertir este vaciamiento de la democracia pasa por hacer del aparato del Estado una herramienta al servicio de las mayorías. Y por entender que esto solo es posible si se revierten esas selectividades estratégicas (es evidente que, como hemos visto, las formas de renta básica universal sientan las bases de ciudadanía que ahora mismo no existen). Si la izquierda, como plantea Losurdo, nace de la confluencia de las teorías socialistas y de los movimientos de protesta a favor de "la emancipación política y social de las clases subalternas, por la emancipación de la mujer y contra el dominio colonial y las guerras coloniales", su tarea solo se verá lograda en la medida en que derribe las fortalezas, castillos, almenas y fosos que mantienen esa dominación.

Finalmente, atender a la selectividad estratégica permite revisar con un prisma más afilado los requisitos que plantea Erik Olin Wright en *Construyendo utopías reales* para que se dé una gobernanza participativa empoderada (*empowered participatory governance*). Para Wright, esta gobernanza participativa empoderada, que es la posibilidad de la izquierda de operar en el siglo XXI sin perder su condición transformadora, (1) funciona de abajo arriba y los ciudadanos se implican directamente no solo en los procesos deliberativos, sino en la solución real de los problemas; (2) está orientada de manera pragmática y se concentra en resolver asuntos concretos, que abren las puertas a otras configuraciones más profundas; (3) el cómo de las decisiones se basa en la deliberación, que permite que se escuchen todos los argumentos alternativos y da una oportunidad a las mejores razones; (4) las decisiones se devuelven abajo y se descentralizan (operando con el principio de subsidiariedad que deja hacer a las partes inferiores pero no se desentiende si fracasan), descendiendo tanto como sea posible allí donde están los problemas; (5) la descentralización es recombinante (*recombinant decentralization*), es decir, "los entes locales no actúan como lugares autónomos, atomizados, de adopción de decisiones" ni el poder funciona con el centralismo democrático, sino que hay un trasiego constante de los problemas a las instituciones y de las instituciones a los problemas. El devenir constante entre adentros y afueras se convierte en el proceder habitual; (6) la institucionalidad está centrada en el Estado, de manera que la gobernanza participativa empoderada busca cambiar ese Estado (no solo influirlo puntualmente), reorganizando el propio Estado, de forma que se institucionalice "la participación corriente de los ciudadanos ordinarios" en aras de "crear instituciones durables para la participación empoderada sostenida por parte de los ciudadanos comunes en las actividades del Estado"; por último (7), esta forma de gobierno democrática debe ejercer como "poder de contrapeso" (*countervailing power*). Este contrapeso es "una amplia variedad de procesos que reducen –e incluso neutralizan– las ventajas del poder de grupos y elites normalmente muy fuertes en los contextos de estas instituciones de gobernanza"[9].

Para que se puedan dar experiencias de cambio y funcione esta capacidad de contrapeso (que contrapesa la selectividad estratégica) es condición *sine qua non* una ciudadanía consciente, organizada y empoderada. El cambio precisa una "movilización popular" que mitigue las intromisiones de los grupos de poder. Estos anclan su capacidad de influencia en el sesgo que incorpora históricamente el Estado y en la correlación de fuerzas en cada contexto concreto. Como apuntó Nikos Poulantzas en su clásico *Estado, poder y socialismo*: la transición al socialismo es "un proceso que no puede, ciertamente, detenerse en la toma del poder estatal y debe extenderse a la transformación de los aparatos del Estado: pero supone, siempre, la toma del poder del Estado". Y añadimos nosotros: con una presencia permanente de la ciudadanía en la calle, como ámbito estratégico de las transformaciones, para que también fracase el salto estratégico de las elites de un sector del Estado a otro, una

---

[9] Junto a las experiencias de Kerala, en la India, y los presupuestos participativos en diferentes ciudades de América Latina y Europa, quizá la experiencia más avanzada en esta dirección fue la que se puso en marcha con el proceso participativo que llevó a la norma foral de igualdad con el Gobierno de Bildu en la Diputación de Gipuzkoa entre 2011 y 2015. En la actividad parlamentaria de Unidos Podemos a partir de 2016 se marcó igualmente la obligación de que todas las iniciativas de leyes fueran discutidas con los movimientos sociales y asociaciones vinculadas a cada demanda. Como hemos venido discutiendo, la única manera de evitar las formas de mando jerárquicas pasa por fórmulas que distribuyan constantemente la información entre los "adentros" y los "afueras" de las instituciones y las organizaciones.

vez perdida la cúspide de la pirámide, con el fin de impedir los cambios –de la judicatura a la Iglesia, de la Policía al Ejército, de los tribunales constitucionales a las cámaras altas, de las universidades a los medios de comunicación–. Dejar en manos de los poderes económicos el uso del *big data*, en especial en lo vinculado a formación, información y estrategias de voto, es echar por tierra la posibilidad de que la democracia merezca ese nombre. Si en *1984* de Orwell el poder entregaba a cada reo el miedo que más le asustaba, la información de que disponen empresas, gobiernos, partidos o aseguradoras es tan determinante que nos pueden entregar a cada uno de nosotros productos adaptados a nuestros miedos y nuestros deseos. Música, series, noticias, atenciones médicas, conocimientos. Si nos implantaran un chip en el cerebro, protestaríamos. Pero ese chip se ha implantado a base de "me gusta", de las búsquedas que hacemos en Internet, de formularios rellenados, de datos de viajes, del consumo diario, del uso de nuestras tarjetas, de las información que brindan nuestras amistades en Facebook o Twitter, etc. Los sesgos de género, raza y clase se reproducen en las redes. Los padres hacen búsquedas acerca del sobrepeso de sus hijas, pero no de sus hijos. Ante un atentado islamista, se multiplican las búsquedas sobre actos de venganza y el algoritmo las bonifica. Y lo mismo pasa cuando el independentismo catalán tensa la cuerda, cuando hay un asesinato machista, cuando los inmigrantes tratan de saltar la valla de Melilla o cuando Podemos plantea medidas económicas para las mayorías. Los que pongan más dinero en las redes definirán el sesgo. O los que sean capaces de entender que es ahí donde se está decidiendo una de las batallas más importantes de nuestras democracias y tensen la correlación de fuerzas. Nos estamos cociendo a fuego lento como la rana del cuento. O la izquierda enfrenta el algoritmo o no hay salida.

Capítulo 10

Conclusiones: las izquierdas en tiempos del *big data*

Para la libertad me desprendo a balazos de los que han revolcado su estatua por el lodo.
Y me desprendo a golpes de mis pies, de mis brazos, de mi casa, de todo.
Miguel Hernández, "El herido"

¿Por qué vuelven a votar las víctimas a sus verdugos?

Mató a mi madre, mató a mi padre, pero aun así le votaré.
Lema electoral del Partido Nacional Patriótico
de Charles Taylor en Sierra Leona

Hay una pregunta inquietante: ¿por qué cada una o dos generaciones las víctimas vuelven a votar a sus verdugos? ¿Por qué los ingleses que tenían padres o abuelos proletarios votaron, desde su recién adquirida posición de clases medias, a Margaret Thatcher, que los devolvió a los márgenes? ¿Por qué los que entraron por vez primera en la universidad en España votaron al Partido Popular, que no permitía que sus hijos fueran a la universidad? ¿Por qué esos millones de latinoamericanos que salieron de la pobreza durante la década ganada le dieron la espalda a quienes los sacaron del agujero? La respuesta a esta pregunta nos orienta sobre los errores y las reflexiones pendientes de la izquierda existente.

En primer lugar, hay que entender que es muy probable que los que recién salieron de la pobreza consideren que el ascenso social es frágil y teman perderlo. Si hay ascenso social, pero miedo a la pérdida, aumenta la probabilidad de que los recién ascendidos pateen la escalera para evitar que otros suban. La perspectiva de que se incorporen nuevas personas a ese ámbito implica hacerlo más estrecho con nuevas incorporaciones.

¿Perderán su bienestar recién ganado y tan frágil? Además, las apelaciones al egoísmo tienen nuevo espacio. Si todos tienen lo que acabas de ganar –por ejemplo, un título universitario–, crees que la recompensa se devalúa, en vez de entender que la inteligencia colectiva beneficia al conjunto. La lógica competitiva, que es una circunstancia del miedo, no ayuda a mirar con mayor perspicacia y desbarata la fraternidad. No le sirve de mucho a la emancipación que la mejora de vida de la gente –que es un bien en sí mismo– no venga acompañada de al menos dos explicaciones: una, que las sociedades que han prosperado han sido las que han mitigado las desigualdades en el conjunto de la sociedad; y dos, que esa condición que iguala el bienestar y genera prosperidad se logra limitando el número de gorrones, colaborando la mayoría de la sociedad en la construcción de la esfera pública y expresando la mayoría un compromiso fraternal con la democracia que genera confianza y seguridad.

En segundo lugar, la derecha, anclada en el realismo, se mueve con comodidad en el sentido común de la época. Es quien marca las pautas aspiracionales de ese sector recién llegado a los niveles más bajos de las clases medias. Esto es válido también para las clases medias consolidadas, que buscan en sus hijos ese ascenso social medido en estatus salarial. Mientras la izquierda no tenga un proyecto de país alternativo, el futuro vendrá dictado por las definiciones tradicionales de la patria y por un país donde el lugar de cada cual lo dictará su capacidad de consumo.

Esto es así, en tercer lugar, porque en el sentido común la hegemonía la tiene la derecha. Los valores de la derecha han ido ocupando, desde la crisis del keynesianismo en los años setenta, el lugar de los valores de la izquierda. El individualismo frente a lo común, el egoísmo frente a la cooperación, la consideración del ser humano como un "lobo" para los demás seres humanos y no como sujetos fraternales, la comprensión de la vida como una lucha de todos contra todos, la falta de compasión como una herramienta de combate, la mayor confianza en lo privado –las empresas– antes que en lo público –el Estado–, la inclinación al orden antes que al cambio, el derecho a la denegación de auxilio en vez de la necesidad de socorrer a los que tienen problemas.

No es menos importante, en cuarto lugar, el fracaso de la izquierda a la hora de construir partidos-movimiento anclados en la sociedad, que estén en diálogo permanente con los movimientos sociales, que supervisen constantemente a los cargos públicos y hagan las alertas tempranas de los riesgos. Que se muevan constantemente entre los afueras y los adentros de las instituciones y los movimientos. Que tengan cuadros para dirigir el Estado con capacidad de ser también miembros de base de las organizaciones. Este fracaso a la hora de inventar ese partido-movimiento deja a los cargos públicos de los partidos de la izquierda menos armados contra las seducciones de la corrupción –"nadie resiste tres escopetazos de cincuenta mil dólares", decía Hugo Chávez– y de la traición a los postulados ideológicos. Si las mujeres dentro del Frente Sandinista en Nicaragua y del Movimiento Alianza País en Ecuador hubieran tenido más éxito en su lucha a favor del aborto en ambos países, es bastante probable que, por lo que hubiera supuesto de refuerzo de las respectivas organizaciones, Nicaragua no hubiera caído en los desmanes de Daniel Ortega y Rosario Murillo ni Lenin Moreno hubiera podido desmantelar los logros de Rafael Correa en el país.

No debe olvidarse tampoco, en quinto lugar, la ofensiva norteamericana que, como hemos visto, toma en el siglo XXI forma de golpes parlamentarios o judiciales, apoyados por las empresas de medios de comunicación. La crisis económica de 2007, sexta razón, supuso un duro golpe para cualquier partido en el Gobierno, si bien siempre, por culpa de la selectividad estratégica –séptima razón y, como vimos, determinante–, el precio que pagan los gobiernos de la izquierda es infinitamente más alto.

Por último, mientras que la derecha tiene la utopía consumista y permite ordenar las aspiraciones ciudadanas, la izquierda sigue a la defensiva sin alcanzar a levantar pasiones vinculadas a un mundo alternativo por el que las mayorías quieran luchar. Y tiene dificultades para construir su utopía porque no tiene un protocolo claro de funcionamiento político. Si gobierna, ayuda de manera urgente a los más golpeados, pero se queda sin hoja de ruta en cuanto logra el éxito. Por eso, en una encuesta brasileña sobre la salida de cuarenta millones de personas de la pobreza en el país tras los gobiernos de Lula y de Dilma Rousseff, las respuestas sobre las razones de ese logro señalaban a Dios, a la familia, al esfuerzo personal, a los empresarios y, en los últimos lugares, al Gobierno. La derecha lleva más tiempo pensando y gestionando lo que existe, de manera que tiene más argumentos que la izquierda, dedicada desde hace décadas a la transformación de lo existente. Alguien que tiene algo –las dos gallinas con las que abríamos este trabajo– es probable que, de no haberle nacido la conciencia y de no encontrar ejemplos alternativos, confíe más en la derecha. O la izquierda construye un relato que emocione o la incorrección política de la derecha sin complejos nos regresará al pasado.

Inventamos o erramos: nuevos desafíos, nuevas herramientas

La izquierda del siglo XX estuvo marcada por el sujeto trabajador masculino, por los estados nacionales, por la Guerra Fría, por la radio y la televisión, por los partidos políticos, por ideologías apenas reformadas, por el abuso de la naturaleza, por la condición subalterna de la mujer, por el monopolio del saber por parte de las universidades, por el surgimiento de las clases medias, por el levantamiento del Muro de Berlín, por la construcción de Europa, por la Revolución rusa, por el uso de bombas nucleares, por los viajes al espacio, por la aparición del sida, por los accidentes en centrales nucleares, por la lucha contra las monarquías y la construcción de repúblicas, por la laicidad del Estado, por el desarrollo del cine, por la prensa obrera, por la liberación sexual, por la importancia de la escuela en los procesos de formación, por el éxodo a las grandes ciudades… Muchas de estas cosas son parte del pasado. Otras siguen dibujando sus contornos en el siglo XXI. Y algunas ni siquiera estaban en el horizonte intelectual cuando llegaron.

Es indudable que si la imprenta fue una revolución, estamos inmersos en otra de un alcance que da vértigo. El desarrollo tecnológico, el acortamiento del tiempo y del espacio gracias a la transformación radical de las comunicaciones, la capacidad de obtener y procesar cantidades ingentes de información (recordemos: que opera como una mercancía, pero no tiene el estigma de la escasez propia de las mercancías), las impresoras 3D, la nanotecnología o la biotecnología nos sitúan en saltos donde queda claro que el crecimiento científico y técnico, impulsado por el beneficio y mediado por el mercado, va mucho más deprisa que nuestro desarrollo moral e, igualmente, que las capacidades políticas de procesarlo desde el punto de vista de la emancipación. Pagando con una tarjeta de crédito, un supermercado y el Ministerio de Sanidad saben qué hemos consumido, de la misma manera que están en la nube los datos sobre nuestras visitas al hospital o nuestro comportamiento sumiso o desobediente en el colegio. Las aseguradoras pueden saber nuestra propensión a determinadas enfermedades, de la misma manera que las empresas conocen, con una simple ojeada a Facebook, de qué pie cojeamos. Al final, Spotify sabe la música que nos gusta y HBO o

Netflix tienen en sus bases de datos las series que nos atrapan y nos las programan en un bucle interminable para que no salgamos de su disfrute. Facebook nos selecciona las noticias que debemos leer porque alguien ha pagado para que así sea, Amazon nos pone en casa lo que nos han dicho que deseamos a través de su propia publicidad y con el correo electrónico recibimos anuncios que nos harán producir endomorfinas solo de pensar que podremos tener esos productos algún día. Y nos gobiernan gobiernos que han gastado una cantidad ingente de dinero pagando a los que manejan *big data* para que nos manden publicidad específica que vaya preparándonos para cuando nos digan que tenemos que votarlos.

Uno de los principales gastos actuales en las campañas electorales tiene que ver con el *big data*, esa gestión de los grandes números posibilitada por las nuevas formas de adquisición de información y de procesamiento a través de algoritmos. La capacidad de segmentar a los votantes hace de este instrumento el único que puede variar el signo con el que arrancan unas elecciones. Si atendemos a los ajustados resultados electorales que se registran en esta nueva fase de la política, apenas con que sean capaces de variar el voto del 3 por ciento están decidiendo las elecciones.

En 2016, la periodista de *The Guardian* y de *The Observer*, Carole Cadwalladr, publicaba el artículo "Google, la democracia y la verdad sobre la búsqueda en internet". En el trabajo sobre el buscador de Google, señalaba cómo el algoritmo respondía estrictamente a las decisiones comerciales de Google. Que una información y no otra fuera lo que saltara a nuestros ojos al nada más que teclear una búsqueda, que apareciera entre los primeros puestos o en la primera página, dependía del dinero que se dedicara a que eso fuera así. Resulta que confiamos en un algoritmo decisiones tan relevantes como buscar una información. Vamos nosotros mismos a la sección de lobotomía y nos clavamos las agujas sin que nadie nos obligue. Cuenta Cadwalladr cómo la búsqueda predictiva de Google lleva directamente a páginas antisemitas, a páginas racistas, patriarcales, de ultraderecha, por el hecho de que hay gente antisemita, racista, patriarcal, de extrema derecha pagando para que eso sea así. Los diarios digitales ultras, junto con los *bots* –robots que operan automáticamente en las redes–, algunas personas contratadas junto con algunas firmas de periodistas se encargan de cruzar miles de mensajes que, con ayuda de la compra de influencia que permiten redes como Facebook, pueden convertir Internet en una visión renovada de *Los protocolos de los sabios de Sión*. El *big data* y su manipulación reconstruye nuestras búsquedas y las convierte en una librería especializada en textos de extrema derecha o en un portal misógino, racista, xenófobo o ultraconservador, con el problema añadido de que no sabemos que hemos entrado en un santuario del odio. Cadwalladr fue la periodista que sacaría a la luz cómo la empresa Cambridge Analytica había colaborado en la victoria del *brexit* con dinero aportado por la extrema derecha. Las conexiones entre *big data*, portales creadores de mentiras y rumores, millonarios de extrema derecha y partidos políticos ultras están construyendo una internacional del odio llena de peligros. Y todo indica que Rusia, cansada de ser víctima, ha decidido entrar en el negocio. Pagarán los de siempre.

La reflexión sobre el abuso de los medios, de Internet, del *big data*, que ha sido un lugar común de la tarea de Estados Unidos en el mundo, regresó de la mano de Rusia cuando intervinieron en las elecciones que dieron la victoria a Trump. Cuando unos lo hacen está bien. Si lo hacen otros, anatema. Algunas cosas se van sabiendo. La campaña a favor del *brexit* utilizó la misma firma, Cambridge Analytica, que ya apareció en la campaña de Trump. Cambridge Analytica cruzó en torno a 5.000 datos de 230 millones de norteamericanos y luego mandó información segmentada a millones de votantes. Steve Bannon es miembro de su junta. También es el fundador de Breitbart –el portal por excelencia de la extrema derecha y el sitio más grande de Facebook y Twitter– y estratega jefe de la victoria de Donald Trump. Bannon está en la actualidad creando una internacional de extrema derecha sostenida por ese encuentro fatídico entre capitales financieros, empresarios millonarios metidos en política (como Robert Mercer, el principal financiador de Trump), medios de comunicación digitales (el mismo Robert Mercer es dueño de CNS News, propiedad del Media Research Center, capaz de colocar en los primeros puestos del buscador de Google cualquier noticia), algunas televisiones como la Fox, empresas de datos que se venden al mejor postor, políticos ultraconservadores y mucho *big data*. En España eligió como socio al partido de extrema derecha Vox.

Google y Facebook se llevan muy bien con Trump. Su objetivo compartido es ganar dinero. En ese lenguaje se entienden. Pensar que la lógica capitalista se va a poner al servicio de la humanidad es una ingenuidad que pagaríamos muy cara la mayoría. Martin Moore, director del Centro para el Estudio de los Medios, Comunicación y Poder en el King's College afirmó a raíz del funcionamiento de Cambridge Analytica en el referéndum del *brexit*: el actual "ecosistema de información digital" ha permitido "transgredir 150 años de legislación que había desarrollado para hacer elecciones justas y abiertas". También los sistemas financieros, que son los que marcan las políticas económicas de nuestras democracias, los determinan algoritmos. La empresa matriz de Cambridge Analytica es SLC Group, explica Carole Cadwalladr en su artículo en *The Guardian*, "Robert Mercer: el multimillonario de *big data* que libra una guerra contra los medios dominantes". La democracia aprendió a defenderse de sus enemigos, pero los enemigos de la democracia se han hecho con nuevas herramientas desde entonces.

SLC Group trabaja con la OTAN y los departamentos de Defensa y de Estado norteamericanos para ayudar a "modelar poblaciones masivas y cambiar sus creencias". El funcionamiento es repetido: construyen modelos de probabilidad para saber cómo votan las personas. Luego, con los datos cruzados obtenidos, se dedican a intentar influir en ellos. El vecino con el que discutes cosas que crees que son obvias tiene un entrenador personal en YouTube, en Facebook, en Twitter, en Instagram, dándole argumentos para que te derrote en el debate en la barra del bar, en la oficina, en el colegio o la universidad o en un chat.

Un profesor de origen ruso, Aleksandr Kogan, desarrolló un test de personalidad para Facebook, que le brindó su base de datos. Cambridge Analytica gastó mucho dinero para darle publicidad en todo tipo de plataformas. Una vez rellenado por millones de personas, cruzaron datos con los amigos de Facebook de los que habían respondido. Los datos de personalidad ya estaban en su mano. Las compañías de investigación de mercados pueden ir mucho más lejos que los servicios de información y espionaje. Y son legales. Los gestores del *big data* han creado miles de sitios web desde los que se lanzan los mismos enlaces o los mismos mensajes, rumores, desinformaciones y noticias falsas. Hay cientos de miles de *bots* esperando la orden para actuar. Así se construyó la victoria de Trump, de Macri, de Peña Nieto. Así se ataca a diario a Podemos en España por parte de los portales de la extrema derecha. Es la misma estrategia contra los gobiernos de cambio en América Latina. Es lo que se ha venido haciendo durante el siglo XX desde los medios de comunicación, pero que ahora opera de forma más sutil, más intensa, más generalizada, más segmentada y con mayor capacidad de ajuste.

La derecha está dedicando dinero a crear correlaciones que les permitan manejar algoritmos que los lleven a modelar a la ciudadanía. Una vez logrado eso, dará igual que sean ineficaces, ladrones, dementes o extremistas. Los votarán. Como en la campaña de Taylor en Sierra Leona. En el camino, construirán enemigos contra los que dirigirán su odio e intentarán armar un combate ficticio con un partido del sistema que haga las veces de contraparte en la "izquierda". En 2018 no se tiene noticia de que la izquierda transformadora, de que los hombres y mujeres que quieren inventar ese espacio antaño llamado izquierda estén en ningún lugar del mundo haciendo mucho más que aguantando los golpes de la derecha y adoptando posiciones defensivas. Debieran recordar que el sistema se mueve con contradicciones y que, cada vez con más frecuencia, las crisis demuestran la incapacidad del capitalismo, aún más en su fase neoliberal, para otorgar soluciones. Cada una de esas crisis debiera encontrar a las fuerzas que vienen y van respirando el aire de familia de la izquierda en posesión de buenos argumentos y de herramientas para la transición hacia un nuevo modelo.

La reinvención de la izquierda es una tarea práctica que necesita orientaciones teóricas. En tiempos del loco multimillonario Donald Trump, que maneja Twitter y el BOE norteamericano con ínfulas de emperador del mundo, la geopolítica se convierte en algo ajeno al común de los mortales. Si la correlación de fuerzas es el imperativo que debe mover una política de izquierdas, la imposibilidad de movernos frente a Estados Unidos, China o Rusia, flanqueados por las finanzas internacionales, nos condenaría a una suerte de resignación donde la posibilidad de la izquierda desaparecería. Si el futuro es una mezcla de capitalismo tipo Trump, valores asiáticos y formas políticas tipo Putin, bajo el paraguas de la amenaza mafiosa de los fondos buitres, del cambio climático y de ricos en plena huida, el escenario no es muy halagüeño. La comparación con los años treinta puede inducir a confusión, pero la aproximación ayuda. Nadie pensaba que se podía parar inicialmente al fascismo y se prefirió conciliar. Fue una pésima decisión.

La *Tesis XI sobre Feuerbach* del joven Marx reclama una paráfrasis. Allí donde Marx dijo "los filósofos solo han interpretado el mundo; de lo que se trata es de cambiarlo", ahora hay que decir que para cambiarlo hay que volver a pensarlo de manera diferente, con las nuevas realidades y los nuevos escenarios. Ni una teoría inútil a la que no le interesa la práctica, ni una práctica ciega que niega la teoría. Recuperando esa afirmación de hace 2.500 años que dijo que "la polis es diálogo". El *big data* es el opio del pueblo porque tiene la capacidad de determinar qué van a pensar las sociedades. Nos enfrentamos a una programación audiovisual decidida para nosotros por un algoritmo que sustituirá a la búsqueda en la red, de la misma manera que el algoritmo de Google decide qué contenidos vamos a recibir en nuestras búsquedas. Conoce nuestros miedos y nuestras esperanzas. Si nos gusta nuestro pecho o estamos preocupados por el tamaño del pene. A quién odiamos y a quién deseamos. Hasta dónde estamos dispuestos a llegar. Corremos el riesgo de volver a medir la libertad por la longitud de nuestras cadenas. No es que haya existido un pasado que fuera el paraíso de las libertades, sino que es evidente que perdemos espacios ganados. El algoritmo sustituye a las redes, igual que las redes sustituyen a la televisión, igual que la televisión sustituyó a la escuela, igual que la escuela sustituyó a los relatos orales y los textos impresos, e igual que estos aparcaron a la Biblia. Durante siglos, la Biblia nos dijo lo que teníamos que hacer. Ahora se encarga el algoritmo: bebe Coca-Cola, vota a fulano, odia a los inmigrantes, vibra con la idea de patria ideada por los que roban a la patria, ve a Disneylandia, cree en el Dios del Antiguo Testamento, abre un plan de pensiones, muérete pronto.

El capitalismo como enemigo de la vida, el ecofeminismo como la base del buen vivir

> *Desafiar al patriarcado actual es un acto de lealtad hacia las generaciones futuras, la vida, y hacia el propio planeta.*
>
> Ynestra King

El capitalismo se apropia de los cuerpos de las trabajadoras y los trabajadores, de los cuerpos de las mujeres y del cuerpo de la tierra. Una vida buena es incompatible con el modelo capitalista porque convierte el trabajo, a la mujer y la tierra en mercancías. El capitalismo es enemigo de la vida. Aunque no haya una alternativa global a mano.

El capitalismo, recordaba Antoni Domènech, separó la esfera productiva de la reproductiva. La fábrica y la institución familiar se construyeron como dos mundos separados. El capitalismo, como vimos, no produce seres humanos, sino que los utiliza como mano de obra. De hacerlos se encarga la familia. Mantener ambos ámbitos separados ayudaba a mercantilizar a los trabajadores y trabajadoras. El socialismo reunió desde el principio los principales esfuerzos colectivos en la lucha contra la dominación en el espacio productivo, pero se olvidó de hacer lo mismo en el otro espacio de construcción de subalternidad, esto es, el de la institución reproductiva. Por eso es complicado asumir que se puede ser feminista sin ser anticapitalista, pues el feminismo que no es crítico con un modelo económico que busca el beneficio a través del mercado no sirve a la causa de las mujeres en conjunto.

La Ilustración, vimos, zanjó, con sus pares dicotómicos, cuál era el papel de los hombres y cuál el de las mujeres. Al primero le correspondió la cultura, la mente, la razón, la economía, la libertad, la autonomía, la producción, lo público, la fuerza, mientras que a las mujeres les correspondió la naturaleza, el cuerpo, la emoción, la casa, la necesidad, la dependencia, la reproducción, lo privado, los cuidados. La lógica masculina, que es la lógica actual de la acumulación mediada por el mercado y el beneficio, está en contra, como recuerda Amaia Pérez Orozco, de la lógica femenina del mantenimiento de la vida, que tiene lugar en el ámbito doméstico y de la naturaleza.

Los hombres hemos delegado esas tareas esenciales, repetitivas, reconfortadoras, a las mujeres, y solo notamos su ausencia cuando se quedan huérfanas. Pero por su especial importancia –tienen que ver con la reproducción de la vida– las mujeres nunca las han dejado sin hacer ni siquiera en tiempos de huelga, guerra o exilio. Por eso es importante estar atentos a cualquier señal que nos lo recuerde. No vemos la situación de privilegio masculina porque está escondida en los pliegues del lenguaje, en las metáforas, en las enseñanzas de la escuela, en los anuncios, en las leyes, en las redacciones de los periódicos, en los libros científicos o en los cuentos para niños (y niñas). Por eso, la mayoría de los varones que son cuidados no es que no consideren que ellos podrían cuidar la vida de las mujeres o de otros hombres (salvo si recibieran un salario por ello), sino que ni siquiera piensan que las mujeres podrían no cuidarles (por supuesto, a cambio de nada).

Especialmente en el tema de género hay una realidad cambiante. Las mujeres están incorporando nuevas palabras al vocabulario público, tales como *techo de cristal, conciliación laboral, permisos de paternidad compartidos, discriminación positiva, violencia de género*. Esa mirada feminista está llegando a sitios tan impenetrables como la judicatura.

Cuando decimos que el 8 de marzo de 2018 vino a cambiar la política en España es precisamente porque esa sensibilidad tiene muchas probabilidades de cambiar la política occidental. La marcha de las mujeres en Argentina ese mismo año aunó potencialidades políticas que ya no son patrimonio de los partidos políticos (defender los derechos humanos, la participación, la resistencia al neoliberalismo y a la democracia autoritaria de partidos, la impaciencia, la lucha en la calle al lado de la lucha institucional y una sociedad no sometida a la mercantilización de los cuerpos que protagoniza el capitalismo). Tiene potencialidades para salir del resistencialismo e inaugurar nuevos caminos.

Acompañar las peleas de las mujeres en toda su aceptación, incluida, junto a la lucha antipatriarcal, la lucha anticapitalista y anticolonialista, exige ser conscientes de que la mayor sensibilidad de las mujeres ante cualquier machismo, micromachismo o macromachismo va a implicar tensiones en el debate público que reclaman tiempo para ajustarse. No hay que descartar que, en ese debate, las feministas no siempre tengan la razón de su lado y convendrá aclarar los términos de la discusión para evitar que sean utilizados por los defensores del patriarcado o las defensoras del feminismo neoliberal. En el feminismo, como en el socialismo, el ecologismo o el decolonialismo, cualquier cosa que digan será usada en su contra.

Hemos visto cómo las mujeres han sido invariablemente usadas como facilitadoras gratuitas de las condiciones de reproducción capitalista. En *Calibán y la bruja*, Silvia Federici explica que sin quemar a las "brujas" el capitalismo no habría llegado. De manera que, con la división laboral que creó entre hombres y mujeres, solo faltando a la verdad puede afirmarse que el capitalismo trajo el progreso. El mercado capitalista no amanecería si no hubieran madrugado antes las mujeres que van a llevar lavados, desayunados y descansados a los trabajadores y estudiantes a sus puestos de trabajo o a las escuelas. Mujeres que, por la cadena global de cuidados, con mucha frecuencia vienen de otros países, donde han dejado a sus hijos, a dar amor a los hijos de otras mujeres en un "trasvase global de corazón". En el núcleo de los presupuestos de la izquierda está seguir luchando contra las desigualdades de una sociedad que es patriarcal, clasista y racista. Las tres luchas deben darse la mano. Hay mujeres que son dirigentes de partidos de la derecha que, al tiempo que se reclaman feministas, explotan y abusan de los que tienen menos, destrozan la naturaleza, desprecian a los inmigrantes, separan a las familias y les hacen la vida imposible. De la misma manera, hay pobres y personas precarizadas que son profundamente machistas y racistas. Hay personas racializadas que desprecian a los inferiores económicamente y reproducen una cultura machista que golpea literalmente a las mujeres. La lucha contra las desigualdades nunca ha sido sencilla y va a seguir en el mismo tono de complejidad.

La prohibición por parte del Senado argentino en agosto de 2018 de ampliar el derecho al aborto provocó una respuesta de la jurista María Eugenia Rodríguez Palop que bien sirve para alumbrar tantos rincones oscuros:

> Prohibir el aborto supone una violación del derecho a la vida; el derecho a la salud y a la atención médica; el derecho a la igualdad y la no discriminación; el derecho a la seguridad personal; el derecho a la autonomía reproductiva; el derecho a la privacidad; el derecho a la información sobre salud reproductiva (que incluye la educación sexual); el derecho a decidir el número de hijos y el intervalo entre los nacimientos; el derecho a disfrutar de los beneficios del progreso científico; y el derecho a la libertad religiosa y de conciencia, cuando se hace descarado apostolado desde las instituciones. Y supone, además, y sobre todo, una violación del derecho que tenemos las mujeres (como los demás seres humanos) a no ser sometidas a un trato cruel, inhumano y degradante.
>
> Por lo demás, la prohibición del aborto discrimina a las mujeres frente a los hombres, pues el embarazo y el parto solo les afecta a ellas, especialmente si hablamos de quienes tienen menos medios culturales y económicos para procurarse abortos seguros y legales [...]. Las mujeres no olvidaremos a quienes han decidido usar nuestras vidas para "santificar" la propia. No olvidaremos a quienes han perdido la vida en cada aborto clandestino; a quienes paren, crían y aman a lxs hijxs de sus violadores; a quienes cuidan diariamente, y con amor, a lxs que no quisieron tener. No olvidaremos a las mujeres infantilizadas, a quienes les han usurpado el derecho a decidir sobre su propio cuerpo, robándoles descaradamente su destino y su futuro.

En íntima conexión con el uso de los cuerpos de las mujeres está la depredación medioambiental que produce el modelo económico. Es relevante juntar ambas miradas y entender que la lucha contra el patriarcado, la lucha a favor de los cuidados, va a venir de la mano de la lucha por una economía sostenible, de mayores derechos para la naturaleza y para los animales. Y cuando hacemos esto, se tiene que concluir en que estas peleas no son locales, sino globales, y tienen que incorporar igualmente una mirada geopolítica y atención a las fronteras Norte-Sur que estamos construyendo dentro de nuestros propios países. Las desigualdades en el mundo son responsabilidad en gran medida de las diferentes modalidades de colonialismo y patriarcado, de la misma manera que la inmigración es la expresión, con toda su complejidad, de una suerte de lucha de clases internacional.

Como vienen insistiendo autores como Riechmann, Dobson o Latouche, el capitalismo y el ecologismo no son compatibles. El capitalismo separó la ciencia de la naturaleza desde que comenzó su irrefrenable caminar. No fue hasta el siglo XX, después del lanzamiento de las bombas de Hiroshima y Nagasaki en 1945, cuando los científicos fueron conscientes de que había una responsabilidad en lo que investigaban y entendieron que era falso que dejaran su responsabilidad cuando abandonaban el laboratorio. La ciencia, que fue el corazón del movimiento ilustrado a partir del siglo XVII, prometió una emancipación que luego fue hurtada cuando se desligó del respeto a la naturaleza.

El capitalismo hizo de la ciencia una mercancía más. De hecho, con el tiempo, la más importante. La principal responsabilidad de la destrucción de la biosfera está en esa ciencia *irresponsable* aliada con la búsqueda insaciable y ciega de beneficios. Con la lógica productivista, el medioambiente dejó de ser algo con lo que convivir para ser algo que dominar y someter. Bacon equiparó naturaleza y mujer y pidió para ambas el mismo comportamiento: dominio, sometimiento, total sujeción. Los gobiernos occidentales, vicarios de los intereses cortoplacistas del capital global, han aceptado hacer prospecciones petroleras en los últimos santuarios de la biosfera[10].

El capitalismo siempre se ha ajustado, como decíamos, por la parte con menos capacidad de hacer oír su queja. A la fuerza ahorcan. Naturaleza, niños, mujeres, pueblos más débiles, inmigrantes, esclavos, generaciones futuras son los que han garantizado que los poderosos vivieran cómodamente sin esfuerzo y también que los sectores subalternos

---

[10] Repárese en que uno de los principales problemas ecológicos, el generado por el crecimiento demográfico, solo es frenable democráticamente permitiendo a las mujeres un mayor control sobre su cuerpo, lo que a su vez reclama una mayor igualdad. En el siglo XX la población mundial se multiplicó por cuatro (de 1.600 millones a 6.000 millones). En lo que va del siglo XXI ha aumentado en 1.000 millones más.

de las sociedades ricas convirtieran en subalternas a otras personas –gente aún más pobre, mujeres, inmigrantes, niños o ancianos– aunque fuera de manera inconsciente. Pero hoy la naturaleza ha empezado a quejarse. El primer mundo ha agotado las reservas naturales y la biodiversidad, y ha puesto sus ojos en los países del tercer mundo que aún mantienen esa reserva de naturaleza.

Por eso, el *principio precaución* es obligatorio: si no se sabe el efecto de alguna novedad, lo único inteligente es no usarla. El mero productivismo en el que pensó el socialismo en los siglos XIX y XX ya no es válido. Si bien el deterioro de la naturaleza ha sido un hecho generalizado (afectó de manera importante en el este de Europa), es importante resaltar que existe un conflicto de fondo entre ecología y capitalismo. Esto se ve claramente en el hecho de que, pese a la conciencia desarrollada y todas las políticas medioambientales puestas en marcha, especialmente en el mundo rico, la devastación continúa. Necesariamente, el problema está en otra parte: en el propio capitalismo y en la lógica productivista de la modernidad. Son muchos los ámbitos que hacen estas dos lógicas incompatibles: valores de uso frente a valores de cambio; el ritmo expansivo del capital frente a la condición finita del planeta; la finitud del ser humano y su falsa *multiplicación*, gracias a la publicidad, al mutarnos en *consumidores*; la rapidez del consumo de la energía frente a los siglos necesarios para su creación –pensemos en el petróleo, con millones de años de formación para firmar su agotamiento en apenas 200 años–; la fragmentación individual frente a la complejidad global; la racionalidad industrial frente a la racionalidad a largo plazo; el ciclo del capital frente al ciclo de la Tierra; la acumulación privada frente al interés colectivo. Bastaría que creáramos índices verdes que trasladaran a precios todas estas externalidades negativas para que replanteáramos todo el modelo (en una lógica similar a la remuneración de los trabajos de cuidados y reproducción de los que se han hecho cargo las mujeres y toca remunerar).

Pero, además, el capitalismo tiene también sus ciclos, acelerados por su propia miopía. Al verse siempre forzado a acelerar sus ritmos, cada poco tiempo deviene una catástrofe, que es la forma que tiene el capitalismo de eliminar sus "residuos": se hunden los mercados, crece el desempleo, las mercancías no se venden y muchos seres humanos pagan un tremendo precio en ese ajuste. Con la globalización, estos procesos se han agravado. La globalización neoliberal no es un proceso que acorta el mundo porque elimina las fronteras. Lo acorta porque, con su capacidad de destrucción, cada vez deja menos mundo ajeno a su mirada. La naturaleza es sabia (tiene una eternidad de probado ensayo y error), pero no necesita al ser humano; el capitalismo es eficiente, pero tampoco necesita a los que no le son funcionales.

En definitiva, si el socialismo de los siglos anteriores buscaba que la mano de obra dejara de ser una mercancía, el ecosocialismo incorpora la sustentabilidad. La naturaleza no es una mercancía. Si el socialismo del siglo XX manejó la tesis de la abundancia, el socialismo del siglo XXI trabajará con la tesis de la mesura. No se trata de la austeridad que señala el neoliberalismo para el gasto público. Se trata de la sobriedad de una vida no urgida por un consumo que no se responsabiliza de sus consecuencias. Este nuevo socialismo reclama una nueva cultura que incorpore la frugalidad, un menor consumo de energía en todos sus aspectos; el uso de fuentes de energía no contaminantes; un menor consumo de carne y, de forma urgente, terminar con el maltrato animal en todas sus variantes. Y piensa con prudencia el desarrollo tecnológico existente, pues ha sido impulsado con una lógica que se ha demostrado dañina para la supervivencia de la humanidad. No es nada sencillo y, aunque lo entendamos en la teoría, vamos a convivir con muchas contradicciones en la práctica.

Dice Andrew Dobson en *Pensamiento verde* que "la ciencia de la ecología nos enseña que somos parte de un sistema que se origina en un insondable pasado que se alarga hacia un imprevisible futuro, y que toda la comunidad planetaria está ligada por lazos de interdisciplinariedad que se burla de la superioridad". La reinvención de la izquierda en el siglo XXI será principalmente *ecofeminista* porque piensa la humanidad en conjunto, porque se ubica como parte de la biosfera, porque entronca el pasado, el presente y el futuro, porque sabe que, siendo las partes fragmentos del todo, hay que terminar con las jerarquías y exclusiones que construyó el catecismo de la modernidad, patriarcal, productivista, lineal y eurocéntrico. La reinvención de la izquierda implica la reinvención de la democracia.

Como señala Franciso Garrido en *Introducción a la ecología política*, debe entenderse la democracia como una forma de vida, una nueva gramática vital orientada no tanto a la pregunta "¿quién manda?", sino al "¿cómo se manda?", al tiempo que piensa la soberanía popular de manera intergeneracional (ni hipoteca el futuro ni malgasta la herencia de la tradición):

> La democracia es el único sistema de organización social y político que no solo acepta la inestabilidad y la asimetría, sino que se constituye sobre el sustrato de una ontología relativista y conflictual. Es un sistema vivo, que no pretende un punto cero de equilibrio y perfección, que no aspira a resolver definitivamente todos los conflictos, a realizar la consumación final del espíritu absoluto, o a ser "la resolución del enigma de la historia". Estas idealizaciones totalitarias repugnan al sistema democrático. Podríamos decir, a riesgo de violentar en exceso la metáfora, que la democracia es el sistema político de la termodinámica.

"De nada en demasía", viejo axioma délfico, también es válido para la política real. La desmesura, esa tendencia humana a la *hybris*, conviene aplicarla a esa parte social fáustica (capaz del mayor bien y del mayor mal) que es la política. Las utopías deben ser concretas, llenas de voluntad, pero también servir de alertas ante el voluntarismo. El universo, nos enseña Fritjof Capra desde la física cuántica, es una telaraña que no está formada por ladrillos que a su vez está formada por ladrillos más pequeños. Aunque cuesta trabajo visualizarlo en el mundo que vemos, "las partículas son procesos más que objetos". La realidad son interrelaciones, entrecruzamientos, caminos superpuestos. Una enorme red que cuando se presiona en una de sus partes se tensa en ese lugar concreto, pero que al ceder recupera su posición igual que la del resto.

El fin de las ortodoxias permite encontrar caminos más prósperos. Fritjof Capra recuerda en *El tao de la física* las palabras de Heisenberg, quien vio con claridad la grandeza del mestizaje:

> Probablemente, una verdad muy general en la historia del pensamiento humano la constituya el hecho de que los más fructíferos descubrimientos tienen lugar en aquellos puntos en los que se encuentran dos líneas de pensamiento distintas. Estas líneas pueden tener sus raíces en sectores muy diferentes de la cultura humana, en diferentes épocas, en diferentes entornos culturales o en diferentes tradiciones religiosas. Por ello, si tal encuentro sucede, es decir, si entre dichas líneas de pensamiento se da, al menos, una relación que posibilite cualquier interacción verdadera, podemos entonces estar seguros que de allí surgirán nuevos e interesantes descubrimientos.

El viejo paradigma del capitalismo neoliberal está en crisis, pero el nuevo socialismo aún no ha llegado. Habrá zonas en donde nos situemos con fuerza en la lógica del nuevo paradigma, pero también habrá situaciones en las que nos ubicaremos en zonas grises. En términos generales, al partirse de sistemas capitalistas y carecerse de un modelo alternativo total, la construcción del socialismo se convierte en una necesaria transición, donde se irán superando lugares propios del capitalismo gracias a modelos regidos por una lógica no solo anticapitalista, sino superior en términos de emancipación. Cada negación en nombre de las mayorías es una tesela del mosaico, pero el dibujo solo se vislumbrará al atardecer de las luchas. Para ello, se deben poner en marcha lógicas anticapitalistas, constelaciones de fuerzas contrarias a la arbitrariedad del Estado, del mercado o de una comunidad enajenada por la razón del poder. En esa relación dialéctica, la sustitución nunca va a ser absoluta y la tesis y la antítesis van a dejar su huella en la nueva síntesis[11].

El socialismo peleó políticamente con el liberalismo, pero en esa pelea ha ido asumiendo aspectos liberales que ayudan a la emancipación (la división de poderes, el constitucionalismo, los derechos como garantías, el énfasis en la libertad). El socialismo ha peleado económicamente con el liberalismo, y en esa pelea ha aprendido cuestiones que no eran firmes en sus propuestas (la crítica al paternalismo estatal, los problemas del burocratismo, la importancia de la corresponsabilidad ciudadana, la necesidad de incentivos, la relevancia de la eficiencia, el respeto al mérito y al esfuerzo). Los dos últimos siglos no son ni una derrota absoluta ni una victoria clara para la emancipación. Cualquier corte de la realidad actual nos señalará la mutua interrelación de todos los aspectos sociales,

[11] Es muy importante diferenciar la teoría y la práctica. Los movimientos sociales, que son los que están dando la pauta de las transformaciones sociales pendientes, no pelean nunca contra un marco teórico, sino contra explotaciones concretas. Por el contrario, las discusiones teóricas agotan a menudo la acción colectiva, enmarañadas en mentiras ocultas con discursos ideológicos (encubridores de situaciones de poder). Hay discusiones interminables en la teoría zanjadas, insistimos, de manera contundente con la experiencia. Si hay o no "fin de la historia" queda explicado en las resistencias a las invasiones neocoloniales, en las protestas de los movimientos sociales latinoamericanos; en el crecimiento de los indignados y el agotamiento del bipartidismo. La discusión acerca de las bondades de la apertura total de fronteras deja de plantearse cuando se ve lo que hacen los países del norte. Si hay o no calentamiento de la Tierra lo han zanjado las aseguradoras después del huracán Katrina que asoló Nueva Orleans. La realidad es tozuda y la izquierda no debe olvidar el mandato marxista de partir de las luchas concretas.

la congruencia de todos los sucesos, la imposibilidad de separar las partes más allá de los esfuerzos de análisis.

Pero ni se puede cambiar todo ni es necesario reinventarlo todo. Esto es radicalmente evidente en la reflexión ecológica. La concepción "sabia" de la naturaleza (*nature knows best*) en cierra el hecho de 5.000 millones de años de ajuste. Los compuestos orgánicos, por ejemplo, solo producen lo que la propia naturaleza puede descomponer a través de alguna enzima. Los procesos químicos son profundamente conservadores (por ejemplo, se permiten muy pocas relaciones entre los aminoácidos, limitando así el número de proteínas que crean), interactuando con un entorno cambiante pero manteniendo lógicas profundas de persistencia. De la misma manera, hay determinadas ordenaciones moleculares que son evitadas en la química que produjo la vida. Una vez conseguido determinado orden (que les ha reclamado mucho tiempo de adaptación), lo defienden. Son, por utilizar un símil político, reformistas tirando a conservadoras.

Las sociedades llevan siglos peleando, con mayor o menor fortuna, y siempre existen aspectos que forman parte de sus victorias a la hora de vivir como han pensado que merecen. Renunciar a ellos es entregar fortalezas que nunca fueron derrotadas. Sin olvidar que, en términos prácticos, la lógica del "todo o nada", con su desprecio a los logros cotidianos, su burla a esas necesidades que tiene la gente común cada día, ha sido voluntarista, injusta y ha terminado militarizando el pensamiento sobre la base de las ordenanzas de esos mercaderes de sueños futuros. El todo o nada, reverso de una fantasía que busca la perfección, tiene más de ensoñación megalómana que de realismo humano. Las utopías, si no son concretas y basadas en pura realidad, se convierten en distopías, es decir, en lugares de horror.

En *Cambiar las gafas para mirar el mundo* hay una reflexión desde la ecología que nos ilumina sobre esta aparente contradicción:

> Si nos miramos en un espejo durante una semana no notaremos cambios significativos, pero en nuestro organismo millones de células habrán muerto, habrán nacido muchas otras nuevas, habremos incorporado varios kilos de nutrientes y varios litros de agua y habremos expulsado otros tantos kilos de sustancias de desecho. Nuestros órganos habrán respirado y digerido aire y nutrientes y habrán tenido que trabajar con los contaminantes y productos químicos que los acompañaban, para minimizar los daños en nuestro organismo. Es decir, el equilibrio que se

construye alrededor de todo lo vivo está basado en un cambio constante y en un fluir de materia y energía. Si no es así, si nada cambia, será simplemente porque estemos muertos.

En la articulación social tenemos que aprender del funcionamiento de los ecosistemas y de la lucha contra la degradación de la energía, algo que solo se contrarresta incorporando información. Si por la termodinámica todo lo que está vivo está sujeto al desorden molecular, a la entropía –la ley que señala la degradación energética progresiva de cualquier sistema–, esto implica que también la sociedad tiende a disiparse. Por eso hacen falta elementos que contrarresten la entropía y mantengan el equilibrio termodinámico. De la misma manera que es más fácil que un vaso se rompa a que los pedazos de cristal vuelvan a juntarse, es más fácil que las organizaciones ligadas al Estado se oxiden a fuerza de vivir con energía degradada. Lo público –no lo estatal, que solo es una forma de lo público aunque muy relevante– tiene que estar vivo. Sus cuidadores son grupos sociales organizados que mantienen el sistema y gestionan sus transformaciones coordinando "estructura y sorpresa", convirtiendo el azar en autoorganización, lo que a su vez permite la adaptación a los cambios y la creación de nuevas redes que mantengan el conjunto. Hemos pasado de un tiempo de "relojes" a uno de "nubes", medido por el azar, la probabilidad, la fluctuación, el cambio, la incertidumbre, la disipación. La política tiene que dejar de pensar la estabilidad para pensar el cambio.

Capitalismo y ecosocialismo, por tanto, son proyectos mutuamente excluyentes, aunque la necesaria transición (cuyo fin no se puede definir ni fijar) obligue a convivir a la lógica capitalista y a la lógica socialista que quiere superarla. Las diferentes izquierdas no pueden huir de estas contradicciones. Para compensar posibles fallas, como antídoto a todos los inconvenientes, deberán poner en marcha un diálogo permanente que alcance a tanta humanidad como sea posible. Para *regresar* a ese lugar donde nunca hemos estado.

Reinventar la izquierda en el siglo XXI: veinte poemas de amor diferente…

El control político de las redes sociales terminaría con la libertad de expresión, de la misma manera que el control de las mismas por los grandes capitales conduce al mismo fin.

Grandes empresas como Google, Facebook, Amazon, Twitter, Apple o Microsoft son el complemento de las grandes corporaciones (los bancos chinos ICBC y China Construction Bank, Berkshire Hathaway, JP Morgan Chase, HSBC, Wells Fargo, Agricultural Bank of China, Bank of America, Bank of China). Su control de las redes, al igual que de los grandes medios de comunicación, los convierte en enemigos de la democracia. No hay que olvidar que el desarrollo tecnológico expresa y fomenta los cambios en la producción, en el Estado, en los servicios de inteligencia, en los ejércitos. La ciudadanía tiene que controlar sus propios datos. De lo contrario, las empresas, que a su vez controlarán los Estados, nos tendrán encadenados por la propia información que les hemos dado. Es obligatorio separar el capital financiero del control de las redes y de los medios de comunicación, de la misma forma que hay que obligar por ley el fin de los oligopolios informativos.

Lejos de vanguardias y doctrinarismos, la izquierda del siglo XXI tendrá que defender las reformas y ralentizar en ocasiones su paso; tendrá que orientarse por la revolución y acelerar la marcha cuando el hielo quebradizo obligue a marchar más deprisa; tendrá que entenderse rebelde cuando las frases hechas de la vieja gramática política frenen la emancipación. No se trata de eclecticismo: se trata de dialéctica. ¿No es el reformismo el enemigo de la revolución? ¿Y no es la revolución el enemigo de la rebeldía libertaria? El socialismo del siglo XX estuvo lleno de etiquetas que impidieron la discusión. Cuantos más adjetivos, menos discurso. La correlación de fuerzas, el grado de consciencia popular, la situación internacional pueden invitar a gestionar algunos ámbitos sociales desde el reformismo. Además de que la revolución, cuando triunfa, debe luego gestionarse (la antigua revolución se hará reformista y surgirán nuevas revoluciones). La rebeldía alerta frente a la esclerotización de la burocracia. Es un soplo de aire fresco que rompe la placidez de la burocracia con su discurso libertario pero que ayuda a que la política no esté regida por estatuas. La revolución es el ánimo esperanzado convencido de que con cambios radicales la vida puede cobrar otra perspectiva. Pero nadie tiene el monopolio de lo que significa revolución, rebeldía ni reformismo. Por eso, en definitiva, la construcción del socialismo es un diálogo permanente, *diálogos*, que significa el entendimiento a través de los demás. Una definición también hermosa de lo que debe ser la izquierda. Una izquierda que tiene que volver a respetarse a sí misma reinventándose sin dejar que los nombres cambien ni el dolor de las tristezas ni la alegría de los logros.

…Y una canción desesperada

Puede y debe decirse en voz alta: la mayor parte de logros sociales de los que nos enorgullecemos son conquistas de la izquierda. Incluso cuando la burguesía, en su lucha contra las monarquías absolutas, hizo un logro civilizatorio de la división de poderes, de los pesos y contrapesos, de los derechos civiles, fue posteriormente la izquierda quien los convirtió en derechos para las mayorías.

La segunda mitad del siglo XX ha sido un paréntesis dibujado por la derrota de la derecha en la Segunda Guerra Mundial. Consintieron en repartir los aumentos de la productividad y en extender los derechos civiles, políticos, sociales e identitarios a cambio de que se les permitiera seguir ahondando en el capitalismo. Están en su momento de *venganza* y, como dijo el presidente de la patronal francesa, en el siglo XXI y una vez que han triunfado, les sobran todos esos derechos.

Esta recuperación de la hegemonía de la derecha coincide con un desarrollo tecnológico de consecuencias impredecibles que hace de la información la principal mercancía, la principal arma, el principal credo. Todos los logros de la izquierda tuvieron lugar en un contexto de capitalismo industrial, físico, fabril. En la sociedad de servicios, el control del lenguaje escrito, audiovisual y emocional regresa el control de la sociedad a cerrados claustros tecnológicos donde nuevos inquisidores construyen renovados índices de libros prohibidos. La figura del dron, mortífero, selectivo, escondido, limpio, implacable, se traslada a la política. De lo que no se ve no se puede hablar, y el ruido, las falsas noticias, los rumores se convierten en nuevas verdades o en parálisis intelectual. De lo que no se puede hablar, hay que guardar silencio. Hay quien sabe mejor que tú quién eres, qué quieres, cuánto te atreves. El *big data* es el opio del pueblo. Y si tienes miedo no vas a atreverte a la democracia.

En una sociedad sin certezas, hay que reducir la incertidumbre. Hacen falta liderazgos sociales que emerjan desde los problemas, que traduzcan las quejas y cohesionen las demandas. Hacen falta partidos-movimiento que sean a la vez onda y partícula, que estén en constante movimiento, que hagan de los afueras y los adentros de las instituciones y la sociedad una nueva estructura dinámica que sustituya a las jerarquías verticales –imitando a las neuronas del cerebro donde ninguna es el CEO– distribuyendo la información y la responsabilidad.

El miedo es el caldo de cultivo de la derecha y la esperanza es la madre nutricia de la izquierda (o de ese espacio que antaño ocupó la izquierda). El miedo monologa. La esperanza dialoga. Cada miedo que se vence es una emergencia democrática y aporta una tesela más en el dibujo de la emancipación. El mosaico será alegre porque lo habrá hecho la gente consciente, comprometida y esperanzada en lucha contra los hombres grises del autoritarismo. Sin asumir otra derrota que las que de verdad se pierdan. Cayéndonos y levantándonos. Confiando en la gente para que la pelea tenga sentido. Para que sea cierta la cordial efusión del combatiente frente a la arisca soberbia del triunfante. Siendo muy firmes en nuestra digna rabia y muy compasivos en la diminuta condición humana. El optimismo de la voluntad frente al pesimismo de la inteligencia. Tener claros los principios y partir en las discusiones de la defensa de nuestros valores. No mentir, no robar, no ser flojos, hacer de la patria el lugar donde nos cuidamos. Recordar que en la gente ordinaria hay cualidades extraordinarias. Construir desde la fraternidad porque en el comienzo de todo tiene que estar reconocernos una igual dignidad a todos los seres humanos. No tener miedo a los enemigos de la democracia y combatirlos políticamente en donde sean más débiles e intelectualmente en donde sean más fuertes. No ser ingenuos con los huevos de la serpiente al tiempo que confiamos en que la mejor defensa de la democracia es la que previene los ataques de los indeseables. No ser como los enemigos de la democracia ni caer en sus modos que atrofian la bondad. Saber que la decadencia de la izquierda es el linaje de alguna forma de fascismo. Que el odio a las mayoría o a los inmigrantes es el miedo que nos tenemos a nosotros mismos y a nuestra suerte. Tener el coraje de saber que no hay verdades, sino consensos construidos por gente que puede, sabe y quiere dialogar. Volver a estudiar, ser realistas, habitar constantemente la humildad como fórmulas adultas de hacer buenos diagnósticos. Y dejar de aullar con los lobos pensando que así, quizá, tengamos la suerte individual de que una noche no nos coman.

Bibliografía

Abagnano, Nicola *et al.* (1971): *La evolución de la dialéctica*, Madrid, Martínez Roca.

Alba Rico, Santiago (2013): *¿Podemos seguir siendo de izquierdas? Panfleto en sí menor*, Barcelona, Pollen Edicions.

Alonso, Luis Enrique y Fernández Rodríguez, Carlos Jesús (2018): *Poder y sacrificio. Los nuevos discursos de la empresa*, Madrid, Siglo XXI.

Anderson, Perry (2018): *La palabra H. Peripecias de la hegemonía*, Madrid, Akal.

Baggio, Antonio María (comp.) (2009a): *El principio olvidado: la fraternidad*, Buenos Aires, Ciudad Nueva.

— (comp.) (2009b): *La fraternidad en perspectiva política. Exigencias, recursos, definiciones del principio olvidado*, Buenos Aires, Ciudad Nueva.

Blair, Tony (1998): *La tercera vía*, prólogo de José Borrell, Madrid, El País / Aguilar.

Bobbio, Norberto (1971): "La dialéctica en Marx", en Nicola Abagnano *et al.*, *La evolución de la dialéctica*, Madrid, Martínez Roca.

— (1995): *Derecha e izquierda. Razones y significados de una distinción política*, Madrid, Taurus.

— (1996): "La izquierda y sus dudas", en Giancarlo Bosetti (comp.), *La izquierda punto cero*, Barcelona, Paidós.

Bosetti, Giancarlo (comp.) (1996): *La izquierda punto cero*, Barcelona, Paidós.

Bradford Delong, James; Boushey, Heather y Steinbaum, Marshall (eds.) (2018): *Debatiendo con Piketty*, Barcelona, Deusto.

Bunge, Mario y Gabetta, Carlos (comps.) (2015): *¿Tiene porvenir el socialismo?*, Barcelona, Gedisa.

Cadwalladr, Carole (2016): "Google, democracy and the truth about internet search", *The Guardian*, 4 de diciembre [disponible en https://www.theguard ian.com/technology/2016/dec/04/ google-democracy-truth-internet-search-facebook].

— (2017): "Robert Mercer: the big data billionaire waging war on mainstream media", *The Guardian*, 26 de febrero [disponible en https://www.theguardian. com/politics/2017/feb/26/robert-mer cer-breitbart-war-on-media-steve-bannon-donald-trump-nigel-farage].

— (2018): "'I made Steve Bannon's psychological warfare tool': meet the data war whistleblower", *The Guardian*, 18 de marzo [disponible en https://www. theguardian.com/news/2018/mar/17/ data-war-whistleblower-christopher-wylie-faceook-nix-bannon-trump].

Caruso, Lori (2017): "Digital Capitalism and the End of Politics: The Case of the Italian Five Star Movement", *Politics & Society*, 45 (4), p. 586.

Cembranos, Fernando; Herrero, Yao y Pascual, Marta (coords.) (2011): *Cambiar las gafas para mirar el mundo. Una nueva cultura de la sostenibilidad*, Madrid, Ecologistas en Acción.

Cerroni, Umberto; Johnstone, Monty y Magri, Lucio (1975): *Teoría marxista del partido político*, México, Cuadernos de pasado y presente.

Dal Maso, Juan (2016): "Gramsci: tres momentos de la hegemonía", *IzquierdaDiario.es*, el 29 de abril [disponible en http://www.laizquierdadiario. com/ ideasdeizquierda/gramsci-tres-mo mentos-de-la-hegemonia/].

Dardott, Pierre y Laval, Cristian (2013): *La nueva razón del mundo*, Barcelona, Gedisa.

Domènech, Antonio (2004): *El eclipse de la fraternidad. Una revisión republicana de la tradición socialista*, Barcelona, Crítica.

— (2013): "La metáfora de la fraternidad republicana-democrática revolucionaria y su legado al socialismo contemporáneo", *Revista de Estudios Sociales*, 46, mayo-agosto.

— (2015): "Socialismo: ¿de dónde vino? ¿Qué quiso? ¿Qué logró? ¿Qué puede seguir queriendo y logrando?", en Mario Bunge y Carlos Gabetta (comps.), *¿Tiene porvenir el socialismo?*, Barcelona, Gedisa.

Errejón, Íñigo (2016a): "Construir pueblo", en Chantal Mouffe e Iñigo Errejón, *Construir pueblo. Hegemonía y radicalización de la democracia*, Barcelona, Icaria.

— (2016b): "Podemos, a mitad de camino" [disponible en http://ctxt.es/es/20160 420/Firmas/5562/Podemos-transformacion-identidad-poder-cambio-Tribunas-y-Debates.html].

Escalante, Fernando (2016): *Historia mínima del neoliberalismo*, Madrid, Turner.

Federici, Silvia (2010): *Calibán y la bruja. Mujeres, cuerpo y acumulación originaria*, Madrid, Traficante de Sueños.

Fernández Liria, Carlos (2016): *En defensa del populismo*, Madrid, Catarata.

Fernández López, Daniel (2016): "El concepto de amor en Hannan Arendt", *Foro*

Interno, Anuario de Teoría Política, 16.

Fontana, Joseph (2015): "La necesidad del socialismo", en Mario Bunge y Carlos Gabetta (comps.), *¿Tiene porvenir el socialismo?*, Barcelona, Gedisa.

Fraser, Nancy (2015a): *Fortunas del feminismo*, Madrid, Traficantes de sueños.

— (2015b): "Las contradicciones del capital y los cuidados", en *New Left Review*, En la bibliografía dada se referenciaba el núm. 105, pero, buscando información del artículo, aparece en el número y páginas que cito (ver http://www.rebelion.org/docs/223186.pdf). 21 de febrero, Madrid, Traficantes de sueños, pp. 111-132.

Frey, Carl Benedikt y Osborne, Michael A. (2017): "The future of employment: how susceptible are jobs to computerisation", *Technological Forecasting and Social Change*, 114, pp. 254-280.

Fukuyama, Francis (1992): *The End of History and the Last Man*, Nueva York, The Free Press.

Fundación de los comunes (ed.) (2016): *Hacia nuevas instituciones democráticas. Diferencia, sostenimiento de la vida y políticas públicas*, Madrid, Traficantes de sueños.

Fung, Archon y Wright, Erik Olin (eds.) (2003): *Deepening democracy. Institutional Innovations in Empowered Participatory Governance (Real Utopias Project)*, Londres / Nueva York, Verso.

Gaebler, Ted y Osborne, David (1992): *Reinventing government: How the entrepreneurial spirit is transforming the public sector*, Nueva York, Addison-Wesley.

García Linera, Álvaro (2010): *Las tensiones creativas de la revolución*, La Paz, Vicepresidencia del Estado Plurinacional.

Garrido, Francisco (1998): *Introducción a la ecología política*, Granada, Comares.

Gerratana, Valentino (2013): "El concepto de hegemonía en Antonio Gramsci", 13 de octubre [disponible en http://matri cola7047.wordpress.com/2013/10/13/el-concepto-de-hegemonia-en-la-obra-de-gramsci/].

Giddens, Anthony (1996): *Más allá de la izquierda y la derecha. El futuro de las políticas radicales*, Madrid, Cátedra.

Gómez, Laura (2016): "Sostenibilidad y política para la vida cotidiana. La práctica y la lucidez de la derrota", en Fundación de los Comunes (ed.), *Hacia nuevas instituciones democráticas*, Madrid, Traficantes de sueños.

Gramsci, Antonio (2002): *Cuadernos de la cárcel*, México, Era. Edición de Valentino Gerratana.

Harari, Yuval Noah (2018): *21 lecciones para el siglo XXI*, Barcelona, Debate.

Hardt, Michael y Negri, Antonio (2012): *Declaración*, Madrid, Akal.

Harris, James (2017): *El gran miedo. Una nueva interpretación del terror en la Revolución rusa*, Barcelona, Crítica.

Holloway, John (2005): *Cambiar el mundo sin tomar el poder*, Barcelona, Viejo Topo.

Iglesias, Pablo (2015a): "Understanding Podemos", *New Left Review*, 93, mayo-junio [disponible en https:// newleftreview.org/II/93/pablo-igle sias-understanding-podemos].

— (2015b): "La centralidad no es el centro", *Público*, 20 de abril [disponible en http://blogs.publico.es/pablo-iglesias/ 1005/la-centralidad-no-es-el-centro/].

Jessop, Bob (2016): *El Estado. Pasado, presente, futuro*, Madrid, Los Libros de la Catarata.

Katz, Richard y Mair, Peter (1995): "Changing models of Party Organization and Party Democracy. The emergence of the Cartel Party", *Party Politics*, 1 (1).

Laclau, Ernesto (2005): *La razón populista*, México, FCE.

Lakoff, George (2016): *Política moral. Cómo piensan progresistas y conservadores*, Madrid, Capitán Swing.

Lazzarato, Mauricio (2013): *La fábrica del hombre endeudado. Ensayo sobre la condición neoliberal*, Buenos Aires, Amorrortu Editores.

Lenin. Vladímir Ilich ([1918] 1976): *La revolución proletaria y el renegado Kautsky*, Madrid, Editorial Ayuso.

Losurdo, Doménico (2015): *La izquierda ausente. Crisis, sociedad del espectáculo, guerra*, Barcelona, Viejo Topo.

Lowy, Michael (1978): *El marxismo olvidado*, Barcelona, Fontamara.

Madina, Luis Fernando (2014): *El fénix rojo. Las oportunidades del socialismo*, Madrid, Los Libros de la Catarata.

Mair, Peter (2016): *Gobernando el vacío*, Madrid, Alianza.

Manin, Bernard (1998): *Del gobierno representativo*, Madrid, Alianza Editorial.

Marina, José Antonio (2008): *La pasión del poder*, Barcelona, Anagrama.

Mason, Paul (2016): *Postcapitalismo. Hacia un nuevo futuro*, Madrid, FCE.

Milberg, William y Winkler, Deborah (2018): *Las cadenas globales de valor. Dinámica de la producción en el capitalismo contemporáneo*, Quilmes, Universidad Nacional de Quilmes.

Milnes, Seumas (2018): *El enemigo interior. La guerra secreta contra los mineros*, Madrid, Alianza Editorial.

Moguel, Julio (coord.) (2004): *Los caminos de la izquierda*, México, Casa Juan Pablos.

Monedero, Juan Carlos (2011): *El gobierno de las palabras. Política para tiempos de confusión*, Madrid, FCE.

— (2012): "¿Posdemocracia? Frente al pesimismo de la nostalgia, el optimismo de la desobediencia", *Nueva Sociedad*, p. 276.

— (2013): *Curso urgente de política para gente decente*, Madrid, Seix Barral.

— (2014): *Dormíamos y despertamos. El 15M y la reinvención de la democracia*, Madrid, Nueva Utopía.

— (2017): *Nuevos disfraces del Leviatán. El papel del Estado en la crisis del neoliberalismo*, Madrid, Akal.

Moruno, Jorge (2016): "Confederación de almas", en *elDiario.es*, 20 de abril [disponible en https://www.eldiario. es/tribunaabierta/Confederacion-almas_ 6_507509267.html].

Mouffe, Chantal (2003): *La paradoja democrática*, Barcelona, Paidós.

O'Neil, Cathy (2018): *Armas de destrucción matemática*, Madrid, Capitán Swing.

Paglia, Camilla (2018): *Feminismo pasado y presente*, Madrid, Turner.

Panizza, Francisco (ed.) (2009): *El populismo como espejo de la democracia*, México, FCE.

Paramio, Ludolfo (1988): *Tras el diluvio. La izquierda ante el fin de siglo*, Madrid, Siglo XXI.

Puyol, Ángel (2017): *El derecho a la fraternidad*, Madrid, Los Libros de la Catarata.

Polanyi, Karl ([1944] 2011): *La gran transformación*, México, FCE.

Riechmann, Jorge (2006): "La crítica ecosocialista al capitalismo", en Ángel Valencia (ed.), *La izquierda verde*, Barcelona, Icaria.

— (2012): "Sobre *lemmings* (en videojuegos) y seres humanos desconectados", *Rebelión*, 6 de enero [disponible en http://www.rebelion.org/noticia. php?id=142416].

— (2018): *¿Vivir como buenos huérfanos?*, Madrid, Los Libros de la Catarata.

Rorty, Richard (1996): "¿Cantaremos nuevas canciones?", en Giancarlo Bosetti (comp.), *La izquierda punto cero*, Barcelona, Paidós.

Sánchez-Cuenca, Ignacio (2018): *La superioridad moral de la izquierda*, Madrid, Contextos / Lengua de Trapo.

Santos, Boaventura de Sousa (2003): *Crítica de la razón indolente*, Bilbao, Desclée de Brouwer.

— (2005): "La reinvención solidaria y participativa del Estado", en Boaventura de Sousa Santos, *El milenio huérfano*, Madrid, Trotta.

— (2005): *Foro Social Mundial. Manual de uso*, Barcelona, Icaria.

— (2005): "Hacia una sociología de las ausencias y una sociología de las emergencias", en Boaventura de Sousa Santos, *El milenio huérfano. Ensayos para una nueva cultura política*, Madrid, Trotta.

— (2016): *La difícil democracia. Una mirada desde la periferia europea*, Madrid, Akal.

Santos, Boaventura de Sousa y Avritzer, Leonardo (2004): "Para ampliar el canon democrático", en Boaventura de Sousa Santos, *Democratizar la democracia. Los caminos de la democracia participativa*, México, FCE.

Sartor, Giovanni (1996): "¿La izquierda? Es la ética", en Bosetti, Giancarlo (comp.), *La izquierda punto cero*, Barcelona, Paidós.

Schuster, Mariano (2015): "Viejos y nuevos debates del socialismo. Glosas críticas del pensamiento socialista", en Mario Bunge y Carlos Gabetta (comps.), *¿Tiene porvenir el socialismo?*, Barcelona, Gedisa.

Silva, Ludovico (2011): *Teoría del socialismo*, Caracas, Fondo Editorial Fundarte.

Tapsott, Alex y Tapscott, Don (2018): *La revolución blockchain*, Barcelona, Deusto.

Thompson, Mark (2017): *Sin palabras. ¿Qué ha pasado con el lenguaje de la política?*, Barcelona, Debate.

Traverso, Enzo (2018): *Las nuevas caras de la derecha*, Buenos Aires, Siglo XXI.

Veca, Salvatore (1996): "La igual dignidad", en Giancarlo Bosetti (comp.), *La izquierda punto cero*, Barcelona, Paidós.

Villasante, Tomás (2006): *Desbordes creativos*, Madrid, Catarata.

Walzer, Michael (1996): "La izquierda que existe", en Giancarlo Bosetti (comp.), *La izquierda punto cero*, Barcelona, Paidós.

Wright, Erik Olin (2014): *Construyendo utopías reales*, Madrid, Akal.

— (2017): *Comprender las clases sociales*, Madrid, Akal.

Zanatta, Loris (2016): *El populismo*, Buenos Aires, Katz.

Žižek, Slavoj (2014a): *Pedir lo imposible*, Madrid, Akal.

— (ed.) (2014b): *La idea de comunismo. The New York Conference*, Madrid, Akal.

Impreso por TREINTADIEZ S.A. en 2019
Pringles 521 (C1183AEI)
Ciudad Autónoma de Buenos Aires
Teléfonos (011)4862-6794/ (011)4864-3297